JN079193

筋トレの効果を
上げたい人
が知っておきたい

筋肥大
のための
「筋トレ」と
「栄養」
の基本

竹田大介

ソシム

はじめに

　あなたの筋トレは、ただ軽く汗をかくだけの運動にしかなっていないかもしれません。

● 自宅で毎日筋トレを続けているが、ぜんぜん筋肉がつかない
● 週に数回ジムに通って筋トレしているが、ちっとも身体が変わらない
● YouTubeの動画を見ながら筋トレしたら、腰が痛くなった

　このようなことで悩んでいませんか？

　筋トレはただやみくもに他の人の動作を真似て行っても、思うような成果は得られません。しかし、**人は何歳になっても、正しい知識をもって適切に継続すれば、筋肉は必ず成長します。**

　本書は、よくあるエクササイズを紹介するだけの本ではなく、**筋肉を成長させるための科学的根拠に基づいた「理論」を学んでいた**だくために執筆しました。本書はズバリ、筋肥大に特化した「筋肉トレーニングの教科書」ともいえる内容です。

　第1章では、筋肉が成長する仕組みについて、運動・栄養・睡眠の各分野から基礎的な情報を説明しました。第2章では、筋肥大に最適な筋トレの頻度や負荷のかけ方、インターバルのとり方などについて説明し、第3章では、栄養の基礎から筋肥大に最適な食事の摂り方について取り上げました。第4章では、筋トレを安全かつ効果的に行うためのポイントについて、第5章では、筋トレの効果が出ない理由やその際に効果を出すコツについて説明しました。

私は、極真空手選手として階級のリミットに体重を合わせる・階級を上げるために約5kgのバルクアップを3回、合計15kg以上の増量を経験しました。

　また、日本大学大学院でのトレーニング科学における研究活動で得られた科学的知見を活かし、ゴールドジム公認パーソナルトレーナーとして格闘技選手（プロ選手、空手全日本・世界大会出場選手ふくむ）を中心としたアスリートやボディコンテスト出場者から90歳を越える超高齢者にいたるまで、数多くのトレーニーの筋肉を肥大させてきました。

　93歳女性を3か月で1.8kgの筋肉量増量に導いたパーソナルトレーニング指導事例を基に執筆した論文「超高齢女性におけるパーソナルトレーニングが筋肉量に及ぼす影響についての一事例（Strength & Conditioning Journal.25.6:14-20.2018）」は、NSCAジャパン　2018年度最優秀論文賞　森永最優秀事例報告賞を受賞しています。

　そのほか一般のお客様では、他のパーソナルトレーナーの指導を長年受けても身体が変わらなかった方を短期間でバルクアップさせたり、整形外科的疾患の症状改善のために必要な筋肉を鍛えることで日常生活を取り戻した方々など、様々なお悩みを筋トレで改善してきました。

　本書を読んでいただければ、**あなたは目的に合わせた理想の身体を手に入れられることでしょう。**ぜひ最後まで目を通していただき、得られた知識を日々の筋トレに活かしてください。

2022年12月

竹田 大介

はじめに

MUSCLE
HYPERTROPHY
CHAPTER **1**

筋肉の発達と栄養の 基本を押さえよう

01 筋肉はどうやって発達するのか？〜筋肥大のしくみ〜 ……… 10

02 筋肉の「部位」を意識して取り組む
〜マインドマッスルコネクション〜 ……………………………… 14

03 筋力は「神経系」から発達する
〜どのぐらいの期間で筋肉はつく？〜……………………………… 17

04 筋肥大をうながす mTOR（エムトール）とは何か？……… 20

05 体型のタイプによって得意な運動方向がある
〜外胚葉型・中胚葉型・内胚葉型〜 …………………………… 23

06 筋肉をつけるためになぜタンパク質が大切なのか？……… 26

07 筋トレにおいて糖質が大切な理由
〜糖質と筋グリコーゲンの話〜…………………………………… 29

08 トレーニング、食事、睡眠のバランスを意識しよう ········· 31

09 筋肉を増やしたい場合にやってしまいがちな NG 例とは? ···· 34

10 「自重トレーニング」だけでも筋肥大はできるのか? ········ 37

11 バーベルスクワットとベンチプレスを
安全に行うための調整 ································· 40

12 筋肥大とダイエットは両立できる?
～異なるエネルギー収支の考え方～ ··········· 43

13 トレーニング初心者が通うべきジムの特徴とは? ··········· 46

14 知っておきたいジムでの最低限のマナーとは? ············· 50

15 パーソナルトレーナーを選ぶときのポイントは何か? ········ 55

MUSCLE
HYPERTROPHY
CHAPTER **2**

筋肥大のための
トレーニングのコツと
組み立て方

01 トレーニングの頻度はどのぐらいが効果的なのか? ········· 60

02 トレーニング内容をメモするのはなぜ大切なのか? ········· 64

03 重量を上げるタイミングはいつか? ～最適な負荷とは?～ ···· 67

04 最適なインターバル (セット間の休憩) の長さとは? ········ 70

05 「正しいフォームか」を定期的に振り返る必要性 ············ 73

06 マシンとフリーウェイトのそれぞれのメリットは? ·········· 76

07 アイソレーション種目とコンパウンド種目の特徴とは? ····· 79

08 「ポジティブ」と「ネガティブ」の動作を意識して行う ······ 82

09 トレーニングベルトやパワーグリップのメリットは? ········ 85

10 「BIG3」でよくやりがちなフォームのNG例とは? ········ 88

11 複数のセットを行う場合、重量を変えてもよいのか? ····· 94

MUSCLE
HYPERTROPHY
CHAPTER **3**

筋肥大のための
栄養摂取のポイントは?

01 栄養の基本である「PFCバランス」を押さえよう ·········· 98

02 筋肉をつけるためにプロテインは必要なのか? ············ 101

03 糖質はトレーニングの前後に摂ったほうがいいのか? ····· 104

04 筋肥大のためのエネルギー摂取
　　〜必要なエネルギー量は?〜 ······································ 106

05 筋肥大に役立つ栄養素の特徴は?
　　〜ビタミンB群、ビタミンD、亜鉛〜 ·························· 108

06 「プロテイン」以外のサプリメントは摂るべきか? ········ 113

07 一般の「ダイエット」とアスリートなどの「減量」の違い ····118

08 「増量期」と「減量期」における摂取エネルギーの例 ········ 122

09 減量期における食事のポイントは？
～少量で満腹感を得られる工夫～ ···························· 124

MUSCLE
HYPERTROPHY
CHAPTER **4**

筋肥大のための休息日、ケガを予防するコツ

01 筋トレの休息日の目安はどれぐらいがいいのか？ ········· 128

02 筋肉痛がなくてもトレーニング効果は出ているのか？ ····· 130

03 ケガ予防・パフォーマンスアップのためのウォームアップ ··· 133

04 オフの日の食事のポイントは？
～エネルギー摂取量とタンパク質～ ························· 136

05 オフの日は運動してもいい？
～筋肉痛がある場合の運動～ ······························· 138

06 お酒は飲んでもいいのか？
～アルコールと筋合成の関係～ ····························· 140

07 筋トレによって腱も強くなるのか？
～腱のスティフネス～ ····································· 142

08 有酸素運動をやるタイミング
～筋トレ前後のどちらがいい？～ ··························· 144

筋トレの
ステップアップのための
知識

01 自主トレーニングで効果が出ないときに確認すること ······148

02 筋肉が発達しない停滞期を抜け出すコツ
　　〜重量がアップしないのはなぜ？〜 ·······················152

03 同じ部位のエクササイズを多様化してみよう ···············155

04 加圧（血流制限）トレーニングの効果とは？ ···············159

05 スロートレーニングにはどのような効果があるのか？ ······163

06 トレーニング動作の際の呼吸のしかたのポイントは？ ······166

07 チーティングは効果があるのか？
　　〜筋トレで有効に使える場面〜 ···························169

08 「体幹トレーニング」の種類と得られる効果とは？ ·········172

09 マンネリを防ぐためのメニューの組み方のポイント ·········175

10 筋肥大を促進する様々なトレーニング方法の特徴は？ ·······178

11 トレーニング目標とトレーニング強度の変化の具体例 ······183

12 負荷や種目を変える場合のメリット・デメリット ··········185

引用・参考文献一覧 ·······································187

筋肉の発達と栄養の
基本を押さえよう

筋肉はどうやって
発達するのか?
～筋肥大のしくみ～

筋トレによって骨格筋に負荷をかけ、傷ついた筋繊維に栄養
と休養を与えると、筋繊維は元より少し太く成長します。

筋トレの目標は4つある

　筋肉を発達させるためのトレーニングの目標は、大きく分けて4
つあります。

　1つ目は、**筋持久力（筋肉が長時間力を発揮し続けられる能力）**
を高めることです。2つ目は、**筋肥大（筋肉を大きくすること）**で
す。3つ目は、**筋力（筋肉が発揮する力）**を大きくすることです。4
つ目は、**筋パワー（筋肉が短時間で大きな力を発揮する能力）**を高
めることです。本書のテーマは「筋肥大」ですので、このテーマに
沿ってご説明していきたいと思います。

筋肉の種類は?

　まず、筋肉にも種類があり、平滑筋（内臓の筋肉）と心筋（心臓
の筋肉）は「**不随意筋**」と呼ばれ、自分の意思で動かすことができ

ません。「筋トレで筋肉を大きくしたい！」と願う読者のみなさんが筋トレで鍛えていくのは、「随意筋」という自分の意思で動かすことができる「骨格筋」です。骨格筋は文字通り骨格の上についていて、ボディラインを形づくっています。

骨格筋を大きくすることにより、プリっと上がったお尻や引き締まった腕や脚、分厚い胸板や逆三角形の上半身をつくる背中、キュッと締まったウエストラインをつくることが可能です。

筋肥大のしくみは？

骨格筋には「筋外膜」のなかの「筋周膜」に1本1本の「筋繊維」があり、それが束となっています（次ページ参照）。さらに筋繊維のなかには「筋原線維」があり、そのなかにはアクチンフィラメントとミオシンフィラメントからなる「筋フィラメント」があります。

筋肉トレーニング（以下、筋トレ）によりこの**骨格筋に適切な負荷をかけ、傷ついた筋繊維に栄養と休養を与えると元より少し太く成長します**（これを「**超回復**」といいます）。この超回復を繰り返すことによって、骨格筋を肥大させることができます。

この「少し太く成長する」とは、筋肉のなかで何が起こっているのでしょうか？

骨格筋に日常生活レベル以上の高い負荷がかかると、筋原線維内にあるアクチンとミオシンが大きくなって量も増えます。アクチンとミオシンが配列されているサルコメア（筋節）の数が増加することで、1本1本の繊維の直径が太くなり、筋の横断面積が増加することで「少し太く成長」しているのです（次ページ参照）。

■骨格筋

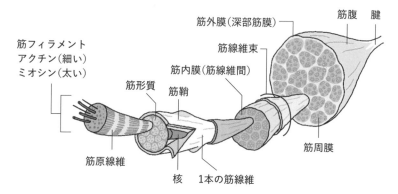

※出典：『NSCAパーソナルトレーナーのための基礎知識　第2版』ジャレッド・W.コバーン、モー・H.マレク編、森谷敏夫 日本語版総監修、岡田純一 監修、NSCAジャパン、P.3　図1.2「骨格筋の概略図」、2013より作成

■サルコメア

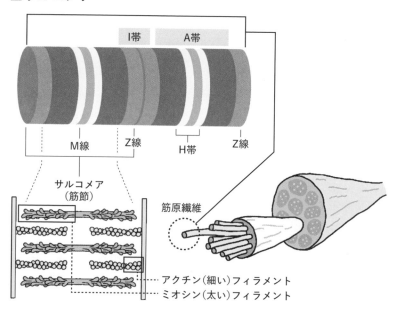

※出典：『NSCAパーソナルトレーナーのための基礎知識　第2版』ジャレッド・W.コバーン、モー・H.マレク編、森谷敏夫 日本語版総監修、岡田純一 監修、NSCAジャパン、P.4　図1.4「サルコメア」、2013をもとに作成

🏋 筋肉を太くするホルモンとは？

みなさんもご存知の通り、筋肉はタンパク質からできていますが、筋肉を太くするには筋肉の成長にかかわる「ホルモン」の役割も重要になります。

そのうちの1つである「**テストステロン**」は、男性ホルモンの一種で主に精巣から分泌（ぶんぴつ）されます。筋肉に適切な負荷をかけるとテストステロンの活動は増大し、タンパク質の合成を高め、分解を抑制することで同化を促進（筋肉量を増やす）します[*1]。

もう1つ、肝臓から分泌される「**インスリン様成長因子（IGF-1）**」は、筋トレをすると筋肉からも分泌され、負荷がかかった筋原線維のなかでタンパク質を合成することにより、筋トレで負荷をかけた筋肉のタンパク質同化（体内のアミノ酸を集めてタンパク質をつくる）を促進します[*1]。

最後に「**成長ホルモン**」は、脳下垂体前葉（かすいたいぜんよう）から分泌され、筋肉へのアミノ酸の取り込みとタンパク質の合成を促進します。

筋肥大に有効な刺激が筋肉に加わった際にこの成長ホルモンの分泌が上がることから、成長ホルモンの分泌が筋肥大に直接的な影響を与えていると考えられてきました。しかし、最近ではこの考えは改められ、テストステロンやインスリン様成長因子ほど直接的に筋肥大に影響を及ぼしてはいないと考えられています。

POINT!

- 筋肉には自分の意思で動かせない「不随意筋」と自分の意思で動かせる「随意筋」があり、「超回復」を繰り返すことで骨格筋を肥大させることができる

筋肉の「部位」を意識して取り組む
〜マインドマッスルコネクション〜

> マインドマッスルコネクションは、自分の身体に対して注意を向ける方法(内的集中)を指します。

意識してトレーニングすることの重要性

筋トレを安全・効果的に行うには原理原則に従うことが重要ですが、そのなかに「意識性の原則」というものがあります。これは、簡単にいえば「このトレーニングは何のために行うのか」を意識して取り組むということです[*2]。

そして、目的を達成するための適切なフォームで、適切な意識をもって行うことが大切です。

筋トレの目標ごとに意識することは変わる

前項でも記しましたが、筋トレの目標は大きく分けて「筋持久力」「筋肥大」「筋力」「筋パワー」の4種類があります。この目標によっても意識すべき点は変わってきます。

同じエクササイズでも、「筋力を向上したい」(多くのアスリー

ト）、「1kgでも重いバーベルを挙上<ruby>挙上<rt>きょじょう</rt></ruby>したい」（パワーリフター）とい
う目的の場合と、「筋肉を大きくしたい」「狙った部位に効かせたい」
（ボディビルダーやフィジーカー、ボディメイク目的のトレーニー）
場合とでは、適切な意識のしかたが変わってきます。

　たとえば、ベンチプレスで「押す力を強くしたい」「最大挙上重量
を向上させたい」場合では、ベンチプレスで鍛える筋肉を意識する
より「胸に触れたシャフトを遠くに押す」などの**自分の身体の外側
に注意を向ける方法（外的集中）**を用いたほうが筋力向上に効果的
であることが多くの研究[*3]で明らかになっています。
　それに対して「大胸筋に効かせたい」「大胸筋を肥大させたい」場
合は、「大胸筋を収縮させる」などの**自分の身体に対して注意を向け
る方法（内的集中）**を用いたほうが大胸筋に効かせる効果が高くな
ることがわかっています。これを「**マインドマッスルコネクション
（MMC）**」といい、ボディビルの世界では従来から重視されてきまし
た。

主働筋に意識を向けて反復できる範囲の負荷に

　この「マインドマッスルコネクション」を用いた方法は、高い負
荷を用いたトレーニングでは内的集中の効果をあまり発揮できない
こともわかっています。
　これはおそらく、高い負荷を用いたトレーニングではそれに応じ
た高い筋力発揮が求められるため、**主働筋<ruby>主働筋<rt>しゅどう</rt></ruby>（そのエクササイズで中
心的に働く筋肉）**に意識を向けていられなくなるのではないかと考
えられます。
　1回挙上できる最大重量（1RM［Repetition Maximum］）の85～
90%（最大努力で6～4回挙上できる重量）以上を用いるような高

負荷のトレーニングの場合には、内的な注意集中はむずかしいでしょう。

　マインドマッスルコネクションを用いてトレーニングを行う場合には、**主働筋に効かせる意識を向けて反復できる範囲の負荷に抑えて行う**とよいでしょう。

主働筋に集中しやすい「単関節エクササイズ」

　主働筋に集中しながらエクササイズを行うためには、**多関節エクササイズ**（2つ以上の関節が動作に関わるエクササイズ、例：スクワット）より**単関節エクササイズ**（1つの関節で動作を行うエクササイズ、例：アームカール）のほうが主働筋に集中しやすいと思います。

　初心者の方は、まず単関節エクササイズで主働筋に意識を集中する練習を積まれることをおススメします。

POINT!

- 筋トレには「意識性の原則」があり、これは「このトレーニングは何のために行うのか」を意識して取り組むことを指す
- マインドマッスルコネクション（MMC）を用いたトレーニングでは、主働筋に効かせる意識を向けて反復できる範囲の負荷で行う

筋力は「神経系」から発達する

〜どのぐらいの期間で筋肉はつく?〜

運動単位の動員では、まず遅筋繊維から動員され、それよりも大きな力が必要な際に速筋繊維が動員されます。

短期的適応と長期的適応

筋トレをすると筋力が向上したり、筋肉量が増えてボディラインが変わったりと多くの効果が期待できますが、そこには短期間で効果が出る「**短期的適応**」と、長期間継続することでようやく効果を実感できる「**長期的適応**」があります。

多くの場合、筋トレを始めて8〜12週間程度では見た目にわかるほど筋肉は増えてくれません[*4]。見た目にわかる程度に筋肉をつけるためには、12週間以上は継続的に行う必要があるでしょう。

しかし、筋トレを始めて数週間程度でも、同じエクササイズでより多くの回数を反復できるようになったり、ウェイトトレーニングであればより重いバーベルを挙上できるようになったりと、筋力が向上したことを実感した方も多いと思います。

この短期間での適応は、身体のなかでどのようなことが起こっているのでしょうか?

筋肉が力を発揮するしくみ

　人間の動作は、骨格筋（骨に付着している筋肉）が収縮して骨を引っ張り、関節を中心に骨を回転させることで実行されます。

　骨格筋の収縮は、中枢神経系（脳・脊髄）から筋肉へインパルス（活動電位）を伝えることで起こります。

　重いバーベルを挙上するときと生卵をやさしく握るときでは必要な力の大きさが違うように、状況に応じて発揮する筋力を調節する必要があります。これは、**運動単位（1つの運動神経が支配する筋繊維）の動員と運動単位の発火頻度の調節（単位時間当たりの活動電位数）** で行われます。

　手のような小さな筋肉では、最大筋力に対して低い割合ですべての運動単位が動員されるため、高い筋力発揮が必要な場合は運動単位の発火頻度の調節によるところが大きいですが、脚のような大きな筋肉では、最大筋力の90％かそれ以上までが運動単位の動員でまかなわれます[*4]。

　動員される運動単位には順番があり、最初に**遅筋繊維**（特徴：発揮できる力は小さいが、長時間力を出し続けられる）から動員され、遅筋繊維ではまかないきれない大きな力が必要な際に**速筋繊維**（特徴：大きな力を発揮できるが、持久性に乏しい）が動員されます。これを「**サイズの原理**」といいます。

筋トレを始めた初期段階に起こる筋力の向上

　筋肉量が目に見えて増えるまでには時間がかかりますが、筋力の向上はそれより早く実感できる場合があります。これは、先に述べた神経的要因の影響が大きいと考えられています。

　筋トレの経験がない人は動員可能な運動単位をすべて動員することができない場合が多いですが、**筋トレ歴が長くなってくると、運動単位を動員する能力が高くなってきます。**

　わかりやすくたとえると、エクササイズで用いられる筋肉のなかにも、がんばって働いてくれる筋繊維とサボっている筋繊維があり、筋トレ経験が浅いウチはサボっている筋繊維が多い状態です。

　自分の筋力の限界に達するような高い負荷のトレーニングを続けると、サボっている筋繊維たちも働かざるを得なくなり、筋肉の総量が変わらなくてもサボっていた筋繊維たちが働いてくれ、発揮できる筋力が向上する、というイメージです。

　筋トレを続けると、運動単位の動員に加え、運動単位の最大発火頻度も増加させるという研究報告もあります [5]。

POINT!

- 発揮する筋力の調整は、運動単位の動員と運動単位の発火頻度の調節で行われる

筋肥大をうながす mTOR(エムトール) とは何か?

筋トレでは、伸張性筋活動がmTORシグナルを増加させて筋肥大につながると考えられます。

mTOR(エムトール)とは何か?

TOR(ターゲット・オブ・ラパマイシン)とは、ラパマイシンという抗生物質が結合すると成長が抑えられてしまうタンパク質のことです。最初は、センチュウという虫にラパマイシンを与えた際に成長が止まることがわかったこと[6]から研究が進みました。

このTORは哺乳類の細胞内にも存在することがわかり、mTOR(マンマリアン・ターゲット・オブ・ラパマイシン)と呼ばれていましたが、最近では同じmTORの表記でメカニスティック・ターゲット・オブ・ラパマイシンとも呼ばれています[7]。

研究が進み、筋トレにより筋肉に負荷がかかるとmTORがリン酸化されることがわかってきました[6]。

筋トレを行うことで、遺伝子からタンパク質を合成する設計図といえる遺伝情報を「mRNA(メッセンジャーRNA)」という形で写

し取る働き（これを「**転写**」といいます）が起こります。

　mRNAをもとにアミノ酸を連結し、タンパク質をつくる過程を「**翻訳**」と呼びますが、mTORのリン酸化はこの翻訳活性を高めること[*8]から、筋肥大に有効に働くと考えられます。

🏋️ mTORシグナルを増加させる筋トレ方法

　筋肉の活動には主に、**短縮性筋活動・等尺性筋活動・伸張性筋活動**があります。

　「短縮性筋活動」は、筋力が負荷に勝り、筋繊維が収縮しながら力を発揮する活動です。「等尺性筋活動」は、筋力と負荷が拮抗し、筋繊維は短縮も伸長もしない活動です。「伸張性筋活動」は、筋力を上回る負荷がかかり、筋繊維が伸張されながら力を発揮する活動です。

　たとえば、ベンチプレスでバーベルを挙上しているときは「短縮性筋活動」、バーベルを挙げようとしても挙がらず、また下がりもせずに静止しているときは「等尺性筋活動」、バーベルを挙げようとしても重さに負けてバーベルが下りてきてしまったときは「伸張性筋活動」になります。

　この筋活動様式が筋肥大効果にどのような影響を及ぼすのかを研究した研究報告[*9]によると、

• 伸張性筋活動では、短縮性筋活動・等尺性筋活動より早くmTORシグナルを増加させること
• 筋トレ開始初期では、伸張性筋活動が筋タンパク質合成を促進するのに有効な刺激となる可能性があること

主な筋肉の活動の種類

短縮性筋活動	筋力が負荷に勝り、筋繊維が収縮しながら力を発揮する活動 例 ベンチプレスでバーベルを挙上しているとき
等尺性筋活動	筋力と負荷が拮抗し、筋繊維は短縮も伸長もしない活動 例 ベンチプレスでバーベルを挙げようとしても挙がらず、また下がりもせず静止しているとき
伸張性筋活動	筋力を上回る負荷がかかり、筋繊維が伸張されながら力を発揮する活動 例 ベンチプレスでバーベルを挙げようとしても重さに負けてバーベルが下りてきてしまったとき

- 伸張性筋活動は、タイプⅠ（遅筋繊維）およびタイプⅡa（速筋繊維の1つ）においてmTORシグナルを増加させること

が報告されていることから、**筋肥大目的の筋トレには伸張性筋活動がmTORシグナルを増加させ筋肥大につながる**と考えられます。

POINT!

- ●筋トレにより筋肉に負荷がかかると mTOR はリン酸化され、筋肥大に有効に働くと考えられている
- ●主な筋肉の活動には、短縮性筋活動・等尺性筋活動・伸張性筋活動がある

体型のタイプによって得意な運動方向がある
〜外胚葉型・中胚葉型・内胚葉型〜

体型の分類には外胚葉型・中胚葉型・内胚葉型の3つがあり、
それぞれ得意な運動方向があります。

体型の分類（ソマトタイプ）を知ろう

　人の性格が様々なように、やせている人や太っている人、筋トレ
をやっていなくてもわりとガッチリした人など、人によって体型は
様々です。

　また、筋トレをしてもなかなか筋肉がつきにくい人、すぐに筋肉
が発達しやすい人など、体質にも個性があります。

　アメリカの心理学者であるウィリアム・ハーバート・シェルドン
は、人の体型と性格の関係を研究し、次ページ表のようにまとめま
した。具体的には、体型の分類（ソマトタイプ）を外胚葉型、中胚
葉型、内胚葉型の3つに分け、それぞれの体質や性格を記していま
す。

体型	体質	性格
外胚葉型	やせ型	内向的
中胚葉型	筋肉質	外向的
内胚葉型	肥満	友好的

胚葉類型ごとの得意な運動方向

　私のパーソナルトレーナーとしての師匠である均整 術 師・パーソナルトレーナーの小林邦之先生は、シェルドンの「胚葉類型説」に均整術（日本生まれの整体方法）[*10]の「12種体型類別」を当てはめ、胚葉類型ごとの得意な運動方向を導き出し、トレーニング指導に活かす術を弟子の我々に授けてくださいました。

　解剖学において、人間の動きを理解するために身体を3つの平面に分けて考える**解剖学的平面**というものがあります。

　これにより人の身体を前後に分ける「前額面」、左右に分ける「矢状面」、上下に分ける「水平面」でとらえると、人間の動きは矢状面上の動き（前後の動き、例：ス

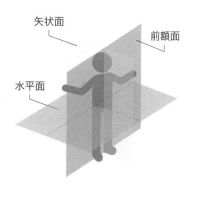

クワット）、前額面上の動き（左右の動き、例：サイドベント）、水平面上の動き（回旋の動き、例：ロータリートルソー）に分けることができます。

小林邦之先生の教えによると、胚葉類型ごとの得意な運動方向は下記となります。

■胚葉類型ごとの得意な運動方向

胚葉類型	得意な運動方向
外胚葉型	前後の動き
中胚葉型	回旋の動き
内胚葉型	左右の動き

　さらに、運動方向によって身体に与える影響も変わってくるとされており、目的により運動方向でエクササイズを選定することも有益であると考えられます。

■運動方向が身体に与える影響

運動方向	身体に与える影響
前後の動き	やせやすい
回旋の動き	筋肉がつきやすい
左右の動き	太りやすい

POINT!

- 胚葉類型は３つに分類され、それぞれ得意な運動方向がある
- 身体を３つの平面に分けて考える「解剖学的平面」には、身体を前後に分ける「前額面」、左右に分ける「矢状面」、上下に分ける「水平面」がある

筋肉をつけるために
なぜタンパク質が
大切なのか？

筋肉の量を増やすには、エネルギー収支をプラスにしてタンパク質をしっかり摂る必要があります。

筋肉をつけるためにはエネルギー摂取量が大切

ダイエットをするときに、食事の量を減らして摂取エネルギーを減らすことは多くのダイエッターが実践されていると思いますが、これはなぜでしょうか？

人間の身体は、何も運動しなくても生命維持のためにエネルギーが必要です。さらに、身体を動かすにもエネルギーを使い、食べたものを消化吸収するためにもエネルギーを使います。

このような消費エネルギーよりも、食べたり飲んだりして体内に摂り入れる摂取エネルギーのほうが多い（エネルギー収支がプラス）状態であれば太り、食事制限や運動により消費エネルギーよりも摂取エネルギーのほうが少ない（エネルギー収支がマイナス）状態であればやせます。そのため、**ダイエットではエネルギー収支をマイナスにすることが必要**とされます。

これとは逆で、**筋肉を増やすためにはエネルギー収支をプラスにしておく必要があります**。

　筋肉のもとになる栄養素がタンパク質であることは多くの方がご存知だと思いますが、いくらタンパク質をしっかり摂っても、エネルギー収支がマイナスな状態では、**摂取したタンパク質はエネルギーとして利用されてしまいます**。

　また、エネルギー収支がマイナスな状態では、**体内の脂肪や筋肉も分解されてエネルギーとして利用されてしまいます**ので、筋肉を増やすためにはしっかりと食事を摂って、エネルギー収支をプラスの状態にしておく必要があります。

筋肉のもとになるタンパク質

　筋肉量を増やすためには、エネルギー収支をプラスにした状態で、タンパク質をしっかり摂る必要があります。タンパク質には、肉や魚、卵や乳製品などの「**動物性タンパク質**」、大豆や小麦などの「**植物性タンパク質**」があります。

　人間の体内にあるタンパク質は20種類のアミノ酸からできていて、体内で合成することができる「**非必須アミノ酸**」と、体内では合成することができないため食事から摂取する必要のある「**必須アミノ酸**」に分けられます。

　タンパク質の質を表わす指標には、「**アミノ酸スコア**」というものがあります。これは、食品にふくまれる必須アミノ酸の含有量が世界保健機構（WHO）などの機関が定めた基準を満たしているかどうかで決まります。

　9種類ある必須アミノ酸すべての含有量が基準を満たしている場

必須アミノ酸と非必須アミノ酸	
必須アミノ酸 （9種類）	ロイシン、バリン、フェニルアラニン、トリプトファン、イソロイシン、ヒスチジン、リジン、スレオニン、メチオニン
非必須アミノ酸 （11種類）	アスパラギン酸、アスパラギン、グルタミン酸、グルタミン、システイン、アルギニン、セリン、アラニン、プロリン、グリシン、チロシン

合にはアミノ酸スコアが100となり、良質なタンパク質ということになります[*8]。

動物性タンパク質と植物性タンパク質の特徴

　動物性タンパク質は「アミノ酸スコア」が100の場合が多く、筋肉量を増やすために有益な「良質なタンパク質」といえます。しかし、同時に脂質も多くふくまれている場合が多いため、動物性タンパク質を多く摂ることでエネルギーも多く摂り過ぎ、体脂肪を増やしてしまう可能性があります。

　植物性タンパク質は、動物性タンパク質と比べて脂質が少ないですが、タンパク質の質では劣る場合が多いため、摂取するタンパク質が動物性より植物性のほうが多い場合は、より多くの量を食べる必要が出てきます。

POINT!

● タンパク質には動物性タンパク質と植物性タンパク質があり、動物性たんぱく質はアミノ酸スコアが100の場合が多い

筋トレにおいて
糖質が大切な理由
～糖質と筋グリコーゲンの話～

摂取した糖質はブドウ糖（グルコース）に分解され、エネルギーとして利用されます。

糖質は悪者じゃない！

少し前に糖質制限ブームが巻き起こってから、「糖質オフ」を謳った商品が多く発売され、糖質は悪者のような風潮が根づいてしまいました。

しかし、糖質は三大栄養素の1つで、人間にとって必要なものです。もちろん、糖質を必要以上に摂り過ぎている人が適正な摂取量に制限することは健康のために必要ですが、誰でも糖質を制限すれば健康になれるわけではありません。むしろ、筋トレに励むトレーニーのみなさんは、筋肉量を増やすために積極的に糖質を摂取しましょう。

糖質は筋肉に貯蔵されている

食べ物から体内に取り込んだ糖質は、消化吸収されてブドウ糖

（グルコース）に分解され、血液に乗って全身に運ばれ、エネルギー
として利用されます。

　このグルコースは連結してグリコーゲンという形に変え、肝臓
（肝グリコーゲン）と筋肉（筋グリコーゲン）に貯蔵されます。体内
のグリコーゲンの8割強は筋グリコーゲンとして筋肉に貯蔵されて
います[11]。グリコーゲンをエネルギーとして利用する際には、ま
たグルコースの形に分解されます。

糖質は脂質より体内の貯蔵量が少ない

　脂質は、たとえば体重80kgで体脂肪率15%の人だと12kgの体脂
肪があり、体脂肪1kgあたりの熱量が7,200kcalとして計算すると
86,400kcalのエネルギーを貯蔵していることになりますが、糖質の
貯蔵量は多めに見ても2,000kcal程度であるといわれています[8]。
そのため、糖質は筋トレ時に不足しないよう、食事から摂っておき
ましょう。

　以上のことから、筋肉量を効率的に増やすには糖質は必要不可欠
です。たまに、筋肉を増やしたいのに糖質制限をしてしまう方がい
ますが、筋肉量を増やすには、タンパク質とともにしっかり糖質を
摂取しましょう。

POINT!

●糖質はエネルギーとして利用されるため、筋トレの際に不足
　しないよう糖質をしっかりと摂る

トレーニング、食事、睡眠のバランスを意識しよう

成長ホルモンは運動時や睡眠時に分泌されるため、しっかりと睡眠をとることが筋肉を成長させるために必要です。

健康3原則とは？

筋肉量を増やすためには筋トレで骨格筋に適切な負荷をかけ、傷ついた筋繊維に栄養と休養を与えると元より少し太く成長する「超回復」を繰り返すことが必要であることは、「1-1　筋肉はどうやって発達するのか？」で述べました。

これは、筋肉量を増やすためだけではなく、健康的な身体を維持するためにも重要であり、運動・栄養・休養は「健康3原則」と呼ばれています。

筋肉量を増やすために、計画的な筋トレに取り組み、戦略的に栄養を摂取されている方は多いと思います。しかし、休養（睡眠）についてしっかりと考えて取り組まれているトレーニーの方は少ないのではないでしょうか？

運動・栄養については他の章で詳しく述べるとして、ここでは休

養（睡眠）について説明してみたいと思います。

💪 身体の疲労を回復させる成長ホルモン

子供の頃に身体を成長させるために分泌されていた「**成長ホルモン**」ですが、大人になってからも身体を回復させるために重要な役割を担っています。

成長ホルモンは運動時（特に筋トレ）や睡眠時に分泌されるため、良質で適切な時間の睡眠を毎日とることが、筋肉を成長させるためにも重要です。

💪 睡眠の5つの段階

睡眠には5つの段階があります。1段階目から4段階目には**ノンレム睡眠**、5段階目には**レム睡眠**があり、約90分の周期で繰り返しています。

布団に入ってリラックスした状態を保つと、1段階目の睡眠が始まります。これは10秒から10分ほど続き、まだ浅い眠りのため目が覚めやすい状態です。

2段階目の睡眠は実際の睡眠の始まりであり、10分から20分ほど続きます。続く3段階目・4段階目の睡眠が最も深い眠りで30分から40分続き、主にこの段階で成長ホルモンが分泌されます。

5段階目のレム睡眠に進む前に、3段階目と2段階目の睡眠が最大6回繰り返され、レム睡眠へと進みます。睡眠の後半3分の1で起こるこの**レム睡眠の頻度と持続時間が大きいほど回復が促進されるため、適切な睡眠時間を確保することが重要**です[*12]。

一般的には7〜9時間の睡眠時間が推奨されますが、筋トレをハードに追い込んだ日には、これ以上の睡眠時間をとる必要があるでしょう。どうしても夜間の睡眠時間が不足している場合には、夜の眠りに影響を及ぼさないようにうまく昼寝を活用することをおススメします。

POINT!

- 運動・栄養・休養は「健康3原則」と呼ばれている
- 筋肉の成長のためには睡眠が重要であり、レム睡眠の頻度と持続時間が大きいほど回復が促進される

筋肉を増やしたい場合に やってしまいがちな NG例とは?

ここでは、筋肥大に効果があると思ってやりがちな食事やトレーニングにおけるNG例を紹介します。

NG例①：タンパク質の摂り過ぎ

筋肉を増やすために、筋肉の材料となるタンパク質を摂取することは重要ですが、摂り過ぎはよくありません。**摂り過ぎると腎臓への負担が増し、腎機能障害や尿路結石などのリスクが高まる可能性があります**[*8]。

動物性タンパク質をふくむ食品には脂質も多くふくまれていることが多いため、タンパク質を多量に摂取しようと肉などを多く食べ過ぎると、脂質も余計に摂取してしまい、カロリーオーバーになり太ってしまうことも考えられます。

また、肉類が増えた分、主食であるご飯や麺・パンの摂取量が減り、糖質不足で筋肉を動かすエネルギーが不足し、筋トレの質が低下することも考えられます。

筋トレで筋肉を増やしたい方の場合は、1日に体重1kgあたり1.2〜2.0gのタンパク質摂取が推奨[*8]されます。食事から十分な量の

タンパク質を摂取している自転車競技アスリートが追加でプロテインサプリメントを摂取しても筋肥大を促進しなかった[*13]という報告もありますので、筋肥大効果と健康を考えて、タンパク質の摂取量は体重1kgあたり2.0gまでにしておいたほうがよさそうです。

🏋️ NG例②：食事が減量食

筋肉量を増やすために筋トレを始めたばかりの方から、「なかなか筋肉が増えない」と相談される内容で多いのが、**食事を減量食にしてしまっていること**です。

筋肉量を効率的に増やすには、「1-6　筋肉をつけるためになぜタンパク質が大切なのか？」で説明した通り、エネルギー収支をプラスにする必要がありますが、なぜかササミばかりを食べたり糖質を抜いたりしてエネルギー収支がマイナスになっている方がいます。

これでは筋肉はなかなか増えてくれません。筋肉量を増やすためには、タンパク質と糖質をしっかり摂って、筋トレをしっかりと行いましょう。

🏋️ NG例③：低強度高回数の自重トレーニング

ジムに行かずにご自宅で自体重トレーニング（自重トレーニング）をされている方に多いですが、「回数をやればいい」と思い、たとえば腕立て伏せを100回やることを目標に、フォームを崩したり可動域を浅くしたりして**回数を追い求めてしまう**ケースがあります。

これでも筋トレを始めたばかりの初心者の方であれば効果がないわけではありませんが、筋肉量を増やすために効率的な内容ではありません。

筋肥大のためには、最大努力で6〜12レップ（反復回数）できるくらいの高い負荷が適切となります（初心者は8〜12レップ推奨）。したがって、よいフォームで可動域をフルに使い、できるだけ少ない回数で限界を迎えられるような工夫をして行ってみてください。

NG例④：有酸素運動のやり過ぎ

有酸素運動は健康にもよく、体脂肪の燃焼効果も期待できますが、**筋肥大への効果は期待できません。**

筋トレ前のウォームアップに短時間行う程度ならいいのですが、**長時間の有酸素運動は体脂肪だけでなく筋肉もエネルギーとして利用されるリスクがあります。** 特に空腹時の有酸素運動はそのようなリスクが高まりますので、筋肥大を優先したい時期はあまり長時間の有酸素運動はおススメできません。

多くのアスリートの場合は筋肉量だけでなく心肺機能の向上やスキルの習得が必要となりますし、競技の練習自体が有酸素運動の要素をふくんでいる場合が多いと思いますので、増量期であっても有酸素運動を行うことになると思います。しかし、ボディメイクなどで筋肥大を最優先に筋トレに取り組んでいるトレーニーの方は、有酸素運動のやり過ぎに注意しましょう。

POINT!

● やりがちなNG例としては、タンパク質の摂り過ぎ、減量食、低強度高回数の自重トレーニング、有酸素運動のやり過ぎがある

MUSCLE
HYPERTROPHY
1-10

「自重トレーニング」 だけでも 筋肥大はできるのか?

自重トレーニングは、ウェイトトレーニングと比較して負荷の設定に限界があります。

筋肥大に応じた負荷設定

先にも述べましたが、トレーニング目標には筋持久力・筋肥大・筋力・筋パワーがあり、その目標ごとに適切な負荷が変わります。

筋肥大に応じた負荷となると、その人が1回だけ挙上できる負荷の67 〜 85%（初心者は67 〜 80%推奨）となります。

レップ数（反復回数）でいえば、**最大努力で6 〜 12レップ（初心者は8 〜 12レップ推奨）できる負荷**が適切となります[*4]。

この範囲内で筋トレを行うことで、**主に肥大しやすい速筋繊維にアプローチをかけることが可能である**と考えられます。

自重トレーニングとウェイトトレーニング

ウェイトトレーニングであれば、重さを調整するだけで簡単に適

切な負荷を設定することが可能なため、目的に合わせた負荷設定が容易に行えます。

しかし、自分の体重を負荷にした自重トレーニングでは、体重を急に軽くしたり重くしたりできないため、ウェイトトレーニングと比べて負荷の設定に限界があります。

筋肥大目的のレップ数（6〜12レップ）以上反復できる負荷は、筋持久力向上目的の負荷となります。先に述べた「サイズの原理」から考えて、低負荷であるために遅筋繊維が働く時間が長くなると考えられます。

遅筋繊維は速筋繊維と比べて肥大しにくいという特性がありますが、肥大しないわけではありません。

自重トレーニングでは負荷の調整に限界があるため、継続していけば筋肥大目的のレップ数以上反復できるようになることが想像されます。自重トレーニングで高回数を反復するトレーニングは、筋肥大に最適な方法ではありませんが、ある程度の筋肥大は可能だと考えられます。

筋肉量が増加した93歳女性の事例

私が過去に担当したお客様で、当時93歳の女性の方がいました。自宅での階段の上り下りや日常生活での歩行能力改善が目的で、私がご自宅に訪問し、週に1回、1回あたり1時間のパーソナルトレーニングを行いました。

主に下肢を中心とした全身の大筋群を使用した多関節（2つ以上の関節を動かす）エクササイズで、その日の体調も考慮しながらできる限り最大努力まで動作を反復していただき、8〜12レップで最

大努力に達するよう負荷を調整して実施しました。

　負荷の設定方法は、徒手抵抗（私の手でお客様の身体に負荷を加える）、両側性→片側性（両脚でのカーフレイズ→片脚でのカーフレイズ等）への漸進、エクササイズの可動域の向上（クォータースクワット→パラレルスクワット等）、ボトムポジション（最も深いポジション）での姿勢保持等で行いました。

　その結果、家庭用の体組成測定器での計測ではありますが、14週間で筋肉量が1.8kg増加しました[14]。この事例をもとに事例研究論文を執筆しましたので、ご興味のある方は論文をご覧ください。

　筋トレ初心者・未経験者の方なら、ご自宅での自重トレーニングでも適切なエクササイズプログラムで継続すれば、人は何歳になっても筋肥大が可能です。

https://nikuken.co.jp/paper/scj25-6-14-20-2018/

POINT!

● 自重トレーニングは筋肥大に最適な方法ではないが、ある程度の筋肥大は可能と考えられる

バーベルスクワットと
ベンチプレスを
安全に行うための調整

ここでは、バーベルスクワットやベンチプレスでケガを防ぐ
ためのパワーラックとベンチプレス台の使い方を説明します。

思わぬ事故を防ぐために調整は大切

　バーベルなどを使ったフリーウェイトトレーニングは、トレーニング効果が高い反面、失敗すると思わぬ事故が起きてしまう可能性があります。パワーラックやベンチプレス台は、バーベルの高さを調整できたりセーフティバーなどがありますので、必ず利用するようにしましょう。

パワーラックでのスクワットの調整

　パワーラックでスクワットを行う際、バーベル（ラック）とセーフティバーの高さを調整しましょう。

　バーベル（ラック）の位置が高すぎると、バーベルを担ぐときも戻すときも不安定なつま先立ちにならざるを得なくなります。スクワットは高重量を扱えるエクササイズですので、高重量を担いだ状

態で不安定なつま先立ちになるのは危険ですし、セットを終えて疲労した状態ですので無駄に疲れます。

　逆にバーベル（ラック）の位置が低すぎる場合、ラックから外して持ち上げるのに浅めのスクワットをすることになりますので、無駄にエネルギーを使います。

　バーベル（ラック）の位置は、自分の脇の高さに設定すると、安全でエネルギーロスも抑えてスクワットが行えます。

　次にセーフティバーですが、これはスクワットで深くしゃがんだあと、つぶれて挙上できなくなった場合に適切な位置に設定していれば、バーベルをセーフティバーに乗せて下から脱出することができますので、安全のために必ず利用しましょう。

　セーフティバーの高さは、スクワットで最も深くしゃがんだときの肩より少し低い位置に設定します。セーフティバーが高すぎるとしゃがんだときに毎回バーベルがセーフティバーに当たってバーよりも深くしゃがめなくなりますし、低すぎるとつぶれたときにバーベルがセーフティバーに乗せられません。

🏋 ベンチプレスでの調整

　ベンチプレスを行う際、**ベンチプレス台のバーベル（ラック）とセーフティバーの高さを調整しましょう。**

　バーベル（ラック）の位置が高すぎると、セットで疲労したあとに戻せなくなります。逆にバーベル（ラック）の位置が低すぎる場合、ラックから外して持ち上げるのに浅めのベンチプレスをすることになって無駄にエネルギーを使い、戻すときにラックを通り過ぎてバーベルを落下させてしまうかもしれません。

　ベンチに仰向けになり、バーベルをラクに持ち上げられ、ラック

に戻すときも安全に戻せる高さに調節しましょう。

　次にセーフティバーですが、バーベルを胸に下ろしたあと、つぶれて挙上できなくなった場合に適切な位置に設定していれば、バーベルをセーフティバーに乗せて下から脱出することができますので、安全のために必ず利用しましょう。

　セーフティバーの高さは、バーベルが胸に触れるまで下ろした位置より少し低く、つぶれた場合に脱出できる位置に設定します。セーフティバーが高すぎると下ろしたときに毎回バーベルがセーフティバーに当たってバーより深く下ろせなくなりますし、低すぎるとつぶれたときにバーベルがセーフティバーに乗せられません。

POINT!

● バーベルを使ったスクワットやベンチプレスでは、バーベル（ラック）の位置とセーフティバーの高さを必ず調整する

筋肥大とダイエットは両立できる?

～異なるエネルギー収支の考え方～

筋肉量を増やして身体を絞るには、筋肥大のための増量期と
ダイエットのための減量期を設けることをおススメします。

筋肥大とダイエットのエネルギー収支

筋肉量を増やして身体を絞り、カッコいい身体を手に入れたいと
願う方は多いと思います。

先にも少し紹介しましたが、よくそうした目的で筋トレを始めた
方から、「毎日筋トレをやって、毎日ササミを食べて糖質制限をして
いるんですが、なかなか筋肉が増えません」といった相談を受ける
ことがあります。何が間違っているのでしょうか?

「1-6　筋肉をつけるためになぜタンパク質が大切なのか?」で説
明した通り、**筋肥大ではエネルギー収支をプラスにしておく必要が
あります。ダイエットでは反対に、エネルギー収支をマイナスにす
る必要があります。**そのため、筋肉量を増やすのにエネルギー収支
をマイナスにするのは効率的ではありません。

先ほどの相談例ではおそらく（筋トレをちゃんとできていたかは

置いておいて）、筋肉を増やしたいのにダイエットのための食事をしてエネルギー収支がマイナスになり、糖質制限で筋肉を動かすエネルギーも不足して筋肉が分解されてしまい、思うように筋肉量を増やせなかったのだと予想されます。

筋肥大とダイエット、どちらの優先順位が高いのか？

筋肥大とダイエットでは食事の摂り方が変わってくるため、同時進行では非効率になります。この場合、どちらの優先順位が高いのかで適切な方法が変わります。

「筋肉も増やしたいけど、できるだけ早く体脂肪を減らしたい」というダイエットを優先したい場合は、**エネルギー収支をマイナスにしながら筋トレを行う方法**がよいでしょう。結婚式や同窓会、何かの撮影などでやせておきたい日が数か月後にせまっている場合はしかたがありません。

最終的にはダイエット目的であっても特に期限が決まっていない場合、**まずはエネルギー収支をプラスにして筋肉量を増やし、その後にダイエットを始めること**をおススメします。そのほうが効率的に筋肉量を増やせて、ダイエットをする際には増えた筋肉量のおかげで多少でも基礎代謝が上がり、ダイエットの助けになるはずです。

増量期と減量期

上述のように、筋肥大ではエネルギー収支をプラスに、ダイエットではエネルギー収支をマイナスにする必要がありますので、筋肉量を増やして身体を絞るには、**筋肥大のための増量期とダイエット**

のための減量期を設けることをおススメします。

　増量期と減量期のどちらも、毎日体重を測って記録をつけます。増量期では少しずつ体重が増えているかを確認し、変わらない場合や減っている場合には食事の量を増やします。

　減量期では逆に、計画通りに体重が減っているかを確認し、変わらない場合や増えている場合には、食事面・運動面の両面から理由を探って対策をします。

POINT!

● 筋肥大ではエネルギー収支をプラスに、ダイエットではエネルギー収支をマイナスにする必要があるため、筋肉量を増やすためにエネルギー収支をマイナスにするのは効率的ではない

● 増量期と減量期では毎日体重を測って記録をつける

トレーニング初心者が
通うべきジムの
特徴とは?

マシンが充実していたり、常駐するトレーナーが無料でマシンの使用法を教えてくれるジムなどがおススメです。

どんなジムが初心者におススメなのか?

　ご自宅での自重トレーニングでも初心者のうちは効果が出ますが、自体重では負荷の調整に限界があるため、筋肥大を目的にトレーニングをするなら負荷の調整が容易なフリーウェイトやマシンが揃ったジムでのトレーニングがおススメです。本項と次項では、ジムについてご説明します。

　「これから筋トレを始めよう!」と思う初心者の方は、どこのジムに通うか迷われると思います。現在では、ジムエリア・スタジオ・プール・お風呂などが揃った「**総合型フィットネスクラブ**」や、コンビニくらいの広さの部屋にトレーニングマシンが揃っていて24時間営業している「**24時間営業ジム**」、インストラクターの指示のもと他のお客さんと一緒にサーキット形式でエクササイズを行うジムなど、様々な形態のジムがあります。

初心者の方が通いやすく、筋肥大を目的としたトレーニング効果をしっかり得るには、どんなジムがよいのでしょうか？

🏋 トレーニングマシンが充実している

　初心者の方がジムに通う場合、エクササイズテクニックの習得が必要なフリーウェイトトレーニングより、**軌道が決まっているマシントレーニングのほうが始めやすいでしょう。**

　ただ、同じ種類のマシンが1台ずつしかない小規模なジムだと、使いたいマシンが埋まっていたら空くまで待たなければなりません。様々なマシンを使いこなせる中・上級者の方であれば、エクササイズの順番を変えて空いているマシンから使えば時間を無駄にせずに済みますが、まだ使えるマシンの種類が少ない初心者の方では、使い方を覚えたマシンが空いていなければ空くまで待つ必要があります。

　そこで、同じ部位を鍛えるマシンが複数台置いてある大規模のジムであれば、待たずに済むかもしれません。

🏋 トレーナーが常駐し、使い方等を教えてくれる

　24時間営業型のジムは、いつでも好きなときに通える手軽さが大きな利点ですが、**どこの店舗にもトレーニングを教えてくれるトレーナーが常駐しているとは限りません。**いたとしても、夕方から朝の時間はスタッフ不在になるでしょう。

　マシンやフリーウェイトを自分で使え、自身のエクササイズプログラムをもつ中・上級者の方には向いていますが、まだエクササイズのやり方がわからない初心者の方は、トレーナーがいなければ何をやったらいいのかわからず困ってしまいます。他人の真似をして

やってみても、効果的なトレーニングを行うのは難しいでしょう。

　そこで、営業時間中は常にトレーナーが常駐し、初心者向けにマシンの使い方などを無料で教えてくれるジムなら、1人で行ってもしっかりトレーニングができるでしょう。

🏋 「パーソナルトレーニング」が受けられる

　マシンの使い方を覚えても、自分の筋力や目的に合った負荷で筋トレを行わなければ目的を達成することは難しくなります。

　また、筋力レベルが上がればそれに合わせて負荷も調整しなければ効果は頭打ちになりますし、同じエクササイズばかり続けていては飽きてしまい、身体も負荷に慣れて効果が出にくくなります。

　そんなときには、筋トレの専門家である「パーソナルトレーナー」の指導を受けることをおススメします。パーソナルトレーナーは、その方の筋力・体力レベルや既往歴、運動経験の有無、トレーニングの目的など、個性に合わせたオーダーメイドなエクササイズプログラムを立案し、動作のエラーを適切に修正しながら安全で効果的なトレーニングをマンツーマンで提供します。

　継続的にパーソナルトレーニングを受けることが最も効果的ですが、予算や時間の都合で継続的に受けられない場合でも、基本的なエクササイズテクニックを習得するまでの初期段階にできれば指導を受けられれば、その後自分で行うトレーニングでも目的に合ったフォームで安全に続けることができるでしょう。

🏋 上記条件をすべて兼ね備えたジム「ゴールドジム」

　「ゴールドジム」と聞くと、ボディビルダーやアスリートなど、エ

リートトレーニーが通うジムのイメージがあり、一般の方から「敷居が高いと感じる」という声をよく耳にします。しかし、上記3点の条件をすべて兼ね備えた、とても初心者にやさしいジムです。

　同じ部位を鍛えるマシンでも、動かす角度や負荷のかかるタイミングなどが異なった、とてもバリエーションに富んだマシンが複数台用意されています。

　また、毎日様々な時間帯に「初心者トレーニング説明会」を設け、ゴールドジムのスタッフトレーナーがマシンの使い方などを丁寧に指導しており、説明会以外のときでもトレーニングの相談に乗ってくれます。ゴールドジムには24時間営業の店舗もありますが、常にスタッフトレーナーが勤務しています。

　有料のパーソナルトレーニングでは、スタッフトレーナーだけでなく、「ゴールドジムオフィシャル（公認）パーソナルトレーナー」によるパーソナルトレーニングを受講できます。

　公認パーソナルトレーナーは、アメリカのゴールドジム本部が認可したトレーニング指導者資格をもち、書類選考→複数回の面接→筆記試験などをすべて合格した実力のあるトレーニング指導の専門家たちです。競争の激しいゴールドジムで長年活動し続けているパーソナルトレーナーは、そのなかでも実力は折り紙付きです。

　専門分野はトレーナーによって異なりますので、自分の目的に合った分野を専門としているパーソナルトレーナーを探して、ぜひパーソナルトレーニングを依頼してみてください。

POINT!

● ゴールドジムは通うハードルが高いと思われがちだが、初心者トレーニング説明会などもあり、初心者にこそおススメ

知っておきたい
ジムでの
最低限のマナーとは？

道具は丁寧に扱う、トレーニング中の大声はなるべく控える、
器具を使用後は汗をふくなどのジムマナーを紹介します。

気持ちよくジムを利用するために必要なマナー

　ジムを利用する際にも、他の利用者さんとお互い気持ちよくジムを利用するために最低限のマナーがあります。

　これから同じジムに長く通うとなると、うっかりマナー違反をして他の利用者さんたちから嫌われてしまっては、通いづらくなってしまうでしょう。そこで、ジムで守りたい最低限のマナーを考えてみたいと思います。

❶道具は丁寧に扱う

　当たり前のことですが、道具は丁寧に扱いましょう。しかし、筋トレで筋肉の限界まで追い込まれると、道具を丁寧に扱う余裕を失ってしまう方がたまにいます。

　よく見られるのが、ネガティブ局面（筋肉が負荷に抵抗して引き伸ばされながら力を発揮している局面）で力を抜いてバーベルやマ

シンを「ガチャーン！」と大きな音を立てて下ろしてしまうことです。

これは、トレーニングの効果面でもネガティブでの負荷が抜けてもったいないですし、安全面でも筋肉が急激に引き伸ばされてケガのリスクが上がり、プレートやマシンが傷ついたり壊れたりする可能性もあります。また、周りの方が大きな音に驚き、不快な気持ちになってしまいます。こういった理由から、「ガチャーン！」と大きな音を立てて下ろすのはやめましょう。

❷トレーニング中の大声はなるべく控える

高重量でウェイトトレーニングを行っていると、挙上時に声が出てしまうこともありますが、周りの方、特に初心者や女性の方はマッチョな男性が突然大声を出すと驚いたりこわがったりするかもしれません。できる限り周りの方に配慮しながら行いましょう。

❸器具を使用後は汗をふく

筋トレをすると汗をかきますが、汗がついたままにしておくと、次に利用する方が不快に思います。

ジムには使用後に器具をふくためのふきんや紙、アルコール消毒液などが設置されていると思いますので、触れたところや汗がついたところは必ずふいてから移動しましょう。

また、たくさん汗をかいた場合は、床にも自分の汗が落ちることもあるでしょう。こういった場合は、使い終わって移動する際に床の汗もきれいにふき取りましょう。

❹使った道具は既定の位置に片づける

バーベルやプレート、プレートが動かないように固定するカラー、ダンベルなど、使ったあとは既定の位置に戻しましょう。

バーベル・プレート・ダンベルは既定の位置がわかりやすいと思いますが、カラーをどこに戻すかはジムによって違います。

カラーをバーベルにつける場合、プレートツリーにつける場合、それ以外に置く場所がある場合などがあり、ジムによっては特に決まりがないこともありますので、ジムにはじめて行ったときやはじめてパワーラックを利用するときにジムのスタッフに確認しておきましょう。

❺使っていない場所に荷物を置いて場所取りをしない

いま行っているエクササイズが終わったら、次に行う予定のエクササイズで使う場所（ラックやマシン）にスムーズに移動して、待ち時間なくトレーニングしたいと思うのはみな一緒です。

しかし、まだ自分が使っていないラックやマシンに荷物を置いて場所取りをしてしまうと、そこをいますぐ使いたい利用者が使いづらくなってしまいます。

そのような意識なく、使っていないトレーニングベンチなどに荷物を置いてしまうことも他の利用者の迷惑になります。こういった迷惑行為はやめましょう。

❻スーパーセットなどで２つの器具を使う際はルールを守る

２つのエクササイズを連続して行う「スーパーセット」などでは２つの場所やマシンを使う場合がありますが、これを禁止しているジムもあります。禁止されていない場合でも、他の利用者の方に配慮しながら、譲り合いの精神をもって行いましょう。

❼借りたアタッチメントは使用後に速やかに返す

ジムによってはマシンで使用する様々なアタッチメントが用意されており、借りて使用することができるようになっています。

しかし、自分が使っている間は他の方は使えません。使い終わっても返却せずに次のエクササイズを始めてしまうと他の方が使えませんので、使用後は速やかに返却しましょう。

❽ ラックなどに居座ったまま長時間スマホなどを操作しない

インターバル（セット間の休憩時間）などでついついスマホを操作してしまいがちですが、これも次に待っている方を不快な気持ちにさせてしまいます。

トレーニング記録をスマホでつける方もいると思いますが、そういった場合もできるだけ短時間で操作を終え、あまり長時間スマホを操作し続けないように配慮しましょう。

❾ 撮影等はジムのルールを守りましょう

ジム内での動画・静止画の撮影は、可能なジムもあれば禁止のジムもあります。自分のエクササイズのフォームを確認するのに動画撮影は有効ですが、ジムのルールに従って行いましょう。

私が公認パーソナルトレーナーとして活動しているゴールドジムでは、他のお客様が映り込んでしまうことの配慮として、基本的にジムエリアでの撮影は禁止となっており、記念撮影などしたい方向けに「セルフィースポット」という撮影可能な場所を設けている店舗もあります。撮影可能なジムの場合でも、他のお客様が映り込まないような配慮は必要です。

❿ エクササイズ中の人に話しかけない

ジム内でも利用者同士のあいさつやコミュニケーションは大切ですが、エクササイズ中に話しかけられると集中力が途切れて危険ですのでやめましょう。

また、セット間のインターバル中などもあまり長く話すとインタ

ーバルが長くなりすぎ、その間に他の利用者さんが利用できなくなりますので、ジム内での会話は極力短く簡潔に行いましょう。

⑪ストレッチエリアでのおしゃべり

ストレッチエリアは、ストレッチをするために用意された場所です。友人と一緒の場合など、ストレッチ中に会話をすることもあると思いますが、周りの方に配慮し、あまり長話にならないように気をつけましょう。

⑫マナーが悪い人を注意したい場合はスタッフに伝える

マナーが悪い人がいた場合は利用者同士で注意すると思わぬトラブルになりかねませんので、スタッフがいる場合はスタッフに伝えて注意してもらいましょう。

スタッフがいない場合、我慢できる程度のことであれば我慢して、後日スタッフに伝えるほうがよいでしょう。どうしても注意しなければならない場合は、トラブルにならないように、できるだけ冷静に丁寧な言葉で伝えましょう。

POINT!

● 他の利用者が不快に思わないよう、周りに配慮しながらこれらのマナーやルールを守る

パーソナルトレーナーを
選ぶときの
ポイントは何か?

専門知識をもっているか、自身がトレーニングを実践しているかなど、トレーナーを選ぶポイントを紹介します。

パーソナルトレーナーを選ぶ際のコツ

ここでは、パーソナルトレーナーを選ぶ際のコツを説明します。

❶筋トレの専門知識をもっているか?

まず最低限のことですが、パーソナルトレーナーが筋トレの専門知識をもっていないとお話になりません。しかし、一般の方がトレーナーに専門知識があるかどうかを判断するのは至難の業です。そこで判断材料となるのが、**専門団体が発行しているトレーニング指導者資格をもっているか**ということです。

トレーニング関連の資格では、一定レベル以上の筆記試験に合格して取得できる資格でなければ意味がありません。専門団体の筆記試験に合格したということは、パーソナルトレーナーとして必要とされる幅広い学問分野で一定水準以上の知識をもっていることの証明になります。しかし、一般の方が資格名などでそれを判断するの

は難しいと思いますので、日本国内で普及し、信頼できる専門団体が発行するトレーニング指導者資格を紹介します。

　まずは、フィットネス先進国アメリカに本部を置くストレングストレーニングとコンディショニングに関する国際的な教育団体[*15]であるNational Strength and Conditioning Association（NSCA）が発行する2つの資格です（NSCAの日本支部は、特定非営利活動法人NSCAジャパン）。

　1つ目の資格は、主にアスリート個人やスポーツチームを指導するための資格「**Certified Strength and Conditioning Specialist (CSCS)**」です。必要とされる知識はアスリート向けのストレングス＆コンディショニングに特化しています。

　2つ目の資格は、アスリートだけではなく一般の方の健康づくりやリハビリテーションを目的とし、子ども・高齢者・妊婦などあらゆる個人を指導するための資格「**NSCA Certified Personal Trainer (NSCA-CPT)**」です。アスリート指導に必要な情報の深さはCSCSには及びませんが、様々な目的をもった幅広いクライアントに対応できるパーソナルトレーナー資格です。

　次に紹介するのは、日本の団体である健康・体力づくり事業財団が発行する「**健康運動指導士**」です。NSCAの資格と違い、こちらは一般の方の健康づくりに特化した知識を習得する資格です。同団体の資格に「健康運動実践指導者」がありますが、こちらは健康運動指導士が作成した運動プログラムに基づき、見本を見せながら特に集団に対して実技指導を行うためのもの[*16]です。

　パーソナルトレーナーには安全で効果的な運動プログラムを作成できる能力が必須ですので、トレーナーは健康運動実践指導者ではなく健康運動指導士の資格所持者を選ぶべきでしょう。

❷トレーナー自身がトレーニングを実践しているか？

パーソナルトレーナーにはクライアントへエクササイズの手本を示しながら適切なフォームを指導する能力が不可欠ですが、自身が筋トレを続けていなければ難しくなります。また、トレーニングには自分が実践していなければわからない感覚的な部分もあります。

トレーニングを継続しているかどうかは、トレーナーの体つきを見ればある程度判断できるでしょう。ダイエット専門のトレーナーが肥満体だったり、ボディビル専門のトレーナーがガリガリだったりしたら説得力に欠けます。

しかし、パーソナルトレーナーがみなボディビルダーのような身体をしている必要はありません。パーソナルトレーナーの専門分野に合ったトレーニングを継続的に行っていればよいと思います。

❸トレーナーの専門分野と自分の目的が合っているか？

パーソナルトレーナーにも専門分野があります。たとえば、メタボリックシンドロームなどを予防・改善する健康的な身体づくり、ご高齢の方の運動機能の維持や寝たきりなどを防ぐ介護予防運動、ケガなどで衰えた運動機能を回復させるリハビリテーション、アスリートの傷害予防やスポーツパフォーマンス向上を目的としたストレングス＆コンディショニング、カッコいい・美しい身体をつくるボディメイク、ボディビル競技やその他ボディコンテスト競技出場者に向けたボディビルトレーニングなどです。

本書の読者のみなさんは筋肥大を目的に筋トレに励んでいると思いますが、その先の目的がスポーツパフォーマンス向上であればストレングス＆コンディショニング専門のトレーナー、見た目を改善することが目的であればボディメイク専門のトレーナー、ボディコンテスト競技出場が目的であれば出場する競技の選手を数多く指導

した実績のあるトレーナーに依頼するのがよいでしょう。

❹ フィーリングが合うか？

　長期間指導を受けるのであれば、やはりフィーリングが合うかどうかも大切だと思います。いかに高い知識と指導力をもっていても、人として好きになれない相手から指導を受けたいとは思わないでしょう。

　また、パーソナルトレーナーによって、指導対象者をお客様として丁寧に扱う人、お友達のようにフレンドリーに接する人、弟子のように厳しく接する人など対応の仕方も様々です。どれが優れているというわけではありませんが、クライアントとの接し方も自分に合ったトレーナーを選ぶとよいでしょう。

❺ 常に学び続けているか？

　トレーニング指導者資格を取得したあとも、新しい情報を学び続けることは当然重要です。しかし、トレーナーが勉強をし続けているかどうかの判断も一般の方には難しいことです。

　ブログやSNSなどで情報発信をしているトレーナーであれば、それらが判断材料になります。また、書籍・テレビ・ラジオ・雑誌などのメディアで情報を発信している著名なトレーナーであれば、それも判断材料となるでしょう。専門的な内容をわかりやすく発信しているトレーナーであれば、パーソナルトレーニングでも専門的なことをわかりやすく指導してくれるはずです。

POINT!

●パーソナルトレーナーにも様々な専門分野などがあるため、自身の目的に合ったトレーナーを選ぶ

筋肥大のための
トレーニングのコツと
組み立て方

トレーニングの頻度は
どのぐらいが
効果的なのか？

目安として、同じ筋肉に負荷をかけるトレーニングの間には、
「最低1日、3日以内の休息日」を設けるとよいでしょう。

週に何回もトレーニングを行うのはなぜ？

　トレーニング効果を得るためには、**トレーニングの頻度（週に何回トレーニングを実施するか）を考慮することも重要**です。

　トレーニングは気が向いたときにたまに実施しても効果は得られず、また疲労を無視して毎日行ってもいけません。

　トレーニングの5原則の1つに「**反復性の原則**」というものがあり、これは「**トレーニングの効果を得るには、繰り返し行う必要がある**」ということです[1]。また、トレーニングの3原理の1つに「**可逆性の原理**」というものがあり、これは「**一定期間トレーニングを継続して効果を得ても、トレーニングをやめると得られた効果も消失する**」ということです[2]。

　では、**効率的にトレーニング効果を得るためには、どのぐらいの頻度がいいのでしょうか？**　これは、トレーニング初心者か中・上

級者かによっても違いますし、デスクワーク中心か肉体労働中心か
でもトレーニング以外の身体疲労具合が異なります。トレーニング
を実施する部位によっても回復の速度に違いがありますので、そこ
も考慮する必要が出てきます。

　疲労回復にかかる時間も個人差がありますし、同じ人でも食事や
睡眠、トレーニング以外の身体活動状況によって変わるので一概に
はいえませんが、目安としての一般的ガイドラインは存在しますの
で、ご紹介したいと思います。

　まず、**同じ筋肉に負荷をかけるトレーニングの間には、「最低1日、
3日以内の休息日」を設ける**とよいでしょう。トレーニング初心者
の方が1回で全身のトレーニングを行う場合には、週に2〜3回の
実施が推奨されます。

　トレーニング中級者の方が同じく1回で全身のトレーニングを行
う場合には週3回の実施が推奨されますが、**1回のトレーニングで鍛
える部位を変える「スプリットルーティン」**を用いることで、トレ
ーニング頻度を上げても回復時間を確保することができます。

　たとえば、連続する日に行うトレーニングを「上半身・下半身」
や「胸・背中・脚」などの部位で分けたり、「押す種目・引く種目」
で分けることで、連続する日に行っても筋肉の疲労の影響を受けず
にトレーニングを行うことができます。

　トレーニング上級者の方は、スプリットルーティンを用いてより
細かく鍛える部位を分けたり、朝と夜など1日に複数回トレーニン
グをすることにより、週に4〜6回またはそれ以上とより高い頻度
でトレーニングをすることが可能です[*3]。

　人それぞれ筋肉をつけたい部位・弱点の部位・筋肉をつける目的
（ボディメイク、健康、競技力向上など）が違いますのでトレーニ
ング例を挙げるのは難しいですが、**各部位を鍛える代表的なエクササ
イズでトレーニング例**をつくってみます。

■マシンでの全身のトレーニング例

エクササイズ	鍛えられる部位	目標レップ数	セット数
レッグプレス	お尻、太もも	10	3
シーテッドロウ	背中	10	3
チェストプレス	胸、二の腕	10	3
アブドミナルクランチ	腹	10	3

■フリーウェイトでの全身のトレーニング例

エクササイズ	鍛えられる部位	目標レップ数	セット数
バックスクワット	お尻、太もも	10	3
ベントオーバーロウ	背中	10	3
ベンチプレス	胸、二の腕	10	3
ダンベルクランチ	腹	10	3

■スプリットルーティンでのトレーニング例（脚・尻）

エクササイズ	鍛えられる部位	目標レップ数	セット数
バックスクワット	お尻、太もも	10	3
ヒップスラスト	お尻	10	3
カーフレイズ	ふくらはぎ	10	3

■スプリットルーティンでのトレーニング例（背中）

エクササイズ	鍛えられる部位	目標レップ数	セット数
ルーマニアンデッドリフト	もも裏、お尻、背中	10	3

ベントオーバーロウ	背中	10	3
ラットプルダウン	背中	10	3

■スプリットルーティンでのトレーニング例（胸）

エクササイズ	鍛えられる部位	目標レップ数	セット数
ベンチプレス	胸	10	3
デクラインベンチプレス	胸（下部）	10	3
インクラインベンチプレス	胸（上部）	10	3

■スプリットルーティンでのトレーニング例（腹）

エクササイズ	鍛えられる部位	目標レップ数	セット数
アブドミナルクランチ	腹（上部）	10	3
レッグレイズ	腹（下部）	10	3
サイドベント	脇腹	10	3
ロータリートルソー	脇腹	10	3

POINT!

- トレーニング中・上級者の場合は、1回のトレーニングで鍛える部位を変える「スプリットルーティン」を用いることで、トレーニング頻度を上げても回復時間を確保することが可能になる

トレーニング内容を
メモするのは
なぜ大切なのか？

トレーニング内容をメモしておけば、過去の内容を振り返り
自分の成長を確認できます。

なぜトレーニング内容をメモするの？

　ジムでトレーニングをしている方を見ると、初心者ほどトレーニング内容をメモしている方は少なく、上級者ほどノートにしっかりとトレーニング内容をメモしている方が多いように感じます。

　この「トレーニング内容をメモする」ことは、トレーニング効果にどのような影響があるのでしょうか？

　トレーニングの3原理の1つに「過負荷の原理」というものがあります。これは、「トレーニング効果を得るためには、すでにもっている能力を刺激できる負荷でなければならない」ということです[1]。

　また、トレーニングの5原則の1つに「漸進性の原則」というものがあります。これは、「体力の向上に従って、負荷も徐々に（漸進的に）上げていく必要がある」ということです[1]。

たとえば、50kgのバーベルを10回挙上できるのがやっとだった方も、適切な頻度でトレーニングを継続していけば、10回以上の回数を挙上できるようになります。

　しかし、自分のなかで「50kg×10回」と決めてしまって、それ以上に負荷や反復回数を上げずにいると、それ以上の成長が見込めなくなってしまいます。

成長の度合いや調子をノートで確認する

　トレーニングでは、「この負荷で今日は何回挙上できるか？」と毎回チャレンジする気持ちで行うと、同じ負荷でも挙上できる回数が増えます。しかし、何キロの負荷で何回挙上したかをメモしていなければ、自分の成長はわかりません。

　トレーニング内容をしっかりメモしていれば、ノートを見返していくと過去より現在のほうが同じ重さでも多くの回数を挙上できたり、逆にトレーニングの頻度が低下しているときなどは挙上回数が下がったりと、そのときの調子がわかり、調子に合わせて負荷を調整することができるようになります。

　また、過去より現在のほうが挙上回数や重量が上がっていれば成長がわかってモチベーションも上がるでしょうし、成長していなかったり下がったりしていれば、その原因を考えてトレーニングプログラムを修正することもできるようになります。

どんなノートを使うべき？

　メモをとるノートはどんなものでも構いませんが、あまり大きいノートだとジム内で持ち運ぶのにじゃまになるかもしれませんし、

一般的なノートだと、初心者の方はどのようにメモをとればいいのかわからないと思います。

　そこで、トレーニング専用ノートというものが市販されています。ノートにエクササイズ名や重量、反復回数、セット数などが書き込めるようになっていますので、とても使いやすいと思います。

■ワークアウトノート

WORKOUT NOTE

　私の会社「株式会社肉体改造研究所」でも、オリジナルのワークアウトノートを作成し、パーソナルトレーニングをご継続いただいているお客様にプレゼントしています。

　トレーニングを継続している方は、ぜひトレーニングの内容をノートにメモすることをおススメします。

POINT!

- トレーニングは毎回チャレンジする気持ちで行うと同じ負荷でも挙上できる回数が増えるため、ノートにしっかりとメモをとり、過去の内容を確認することが重要

重量を上げる
タイミングはいつか？
～最適な負荷とは？～

筋肥大に最適な負荷は、レップ数では最大努力で6～12レップ（初心者は8～12レップ推奨）反復できる負荷になります。

🏋 なぜ負荷を上げるのか？

「1-1　筋肉はどうやって発達するのか？」で説明した通り、筋肉を発達させるためのトレーニングの目標は「筋持久力」「筋肥大」「筋力」「筋パワー」の4つがあり、それぞれに適切な負荷の大きさが異なります。本書のテーマは「筋肥大」ですので、そこに絞って説明したいと思います。

　筋肥大に最適な負荷は、その人が1回だけ挙上できる負荷の67～85％（初心者は67～80％推奨）、レップ数（反復回数）では最大努力で6～12レップ（初心者は8～12レップ推奨）反復できる負荷となります。
　適切な方法で筋トレを継続していけば、同じ負荷で最大努力で反復できる回数は向上しますが、負荷を上げなければ筋肥大に適切な負荷の範囲から逸脱し、筋持久力向上に適切な負荷となってしまい

ます。前項でも記した通り、「過負荷の原理」「漸進性の原則」に則って、筋力の向上とともに負荷も徐々に上げる必要があります。

初心者が負荷を上げるタイミング

では、どのタイミングで負荷を上げるのがよいのでしょうか？

これはその方の目指すところやトレーニング頻度、トレーニング習熟レベルなど様々な要因により変わりますので、一概に負荷を上げるタイミングを指定するのは難しいですが、その目安を説明します。

先に記した通り、筋肥大に最適な負荷は、レップ数でいえば最大努力で6〜12レップ（初心者は8〜12レップ推奨）反復できる負荷で、これ以上のレップ数を反復できる場合は筋肥大に最適な負荷から逸脱します。

したがって、**12レップ以上反復できるようになったら少し負荷を高めて、適切なフォームと可動域を維持したまま最大努力で8〜10レップ前後反復できる負荷に調整するとよいと思います。**

たとえば、50kg×10レップ→50kg×11レップ→50kg×12レップとなれば、52.5kgにチャレンジします（上級者向けは、5-9「マンネリを防ぐためのメニューの組み方のポイント」で説明します）。

反復できるレップ数ギリギリまで1人で追い込むことが難しい方は、トレーニング仲間やジムのトレーナーなどに見てもらいながら、つぶれそうになった場合に補助をしてもらうとよいでしょう。

特に、トレーニングがまだ習慣づいていない初心者の方は、自分で限界ギリギリまで追い込むことは難しいと思います。つぶれる恐怖心もあるでしょう。他人に見られていることで、1人では追い込めないところまでがんばれることもあるでしょうし、万が一つぶれ

たら補助してもらえる安心感もプラスに働くと思います。

🏋 中・上級者が負荷を上げるタイミング

　トレーニング歴が長い中・上級者の方の場合は、初心者のように短期間での成長はしなくなりますので、12レップ以上反復できるようになるまで時間がかかり、トレーニングがマンネリ化してくるかもしれません。

　そのように、なかなか同じ負荷でもレップ数が伸びないような場合は、**12レップ以上反復できる時期を待たず、負荷を上げたり、セット数を増やしたり、同じ部位を鍛えるエクササイズでも種目を変えたりと、身体にかかる刺激を変えてみるのもよい方法です。**

　限界に挑戦するつもりでがんばることは大切ですが、失敗するまで行うとケガのリスクが上がるため、その一歩手前の「もう1レップは挙がらない」ところでやめておくことも安全のために大切です。ケガをしてトレーニングができなくなっては本末転倒です。

　安全のために、万が一つぶれてしまった場合を想定した配慮も必要です。バーベルを使用する際には、必ずプレートの外側にカラーをつけましょう。パワーラックやベンチプレス台には、つぶれてしまった場合のためにセーフティバーがついていると思いますので、安全のために必ず使用しましょう。

● 初心者の場合は、12レップ以上反復できるようになったら少し負荷を高め、8〜10レップ前後反復できる負荷に調整する

CHAPTER 2　筋肥大のためのトレーニングのコツと組み立て方

最適なインターバル（セット間の休憩）の長さとは？

中・上級者向けの筋肥大を目的にしたインターバルの目安はありますが、初心者の方はこの範囲を超えても問題ありません。

休息時間の目安

　筋トレを始めたばかりの頃は1種目あたり1セットでも効果が出ますが、トレーニングの習熟レベルが上がるにともなって、**トレーニングボリューム（負荷×レップ数×セット数）を増やしていく必要が出てきます。**

　複数セットのトレーニングを行う場合はセット間にインターバル（休憩）をとることになりますが、「このインターバルの長さはどの程度がいいのか？」ということを疑問に思っているトレーニーの方も多いと思います。

　これは、トレーニングの習熟度や負荷の大きさによっても変わりますが、目安となるガイドラインがありますので、ご紹介したいと思います。

　トレーニング目標（筋持久力、筋肥大、筋力、筋パワー）によって推奨される休息時間は変わりますが、**筋肥大の場合は「30〜90**

秒の休息」が推奨されます[*3]。しかし、この目安はトレーニング中・上級者向けとなります。

🏋 初心者はどのくらい休息をとるべきか？

初心者の方はまだエクササイズテクニックが習得できておらず、緊張や身体の使い方がわからないために主働筋（そのエクササイズで中心的に働く筋肉）以外の全身の筋肉に力みが入ったりすることで、より疲労することが考えられます。

また、疲労が十分に回復しない状態で次のセットを行うと、適切なフォームで実施することができず、効かせたい筋肉に効かせられなかったり、途中で挙上を失敗したり、それによりケガのリスクが上がったりといったことが考えられますので、ご注意ください。

初心者の方は、**心身ともに次のセットに臨む準備が整うまで、十分な休息をとったほうがよいでしょう**。30 〜 90秒の範囲を超えても問題ありません。

🏋 短い休息のメリット・デメリット

休息時間が短いほうが筋肥大に関与するホルモン分泌が高まり、筋肥大に有効であるという説もありますが、**筋トレ実施直後のホルモン分泌の上昇は筋肥大につながらない**という報告もあります[*4]。

休息時間が短いと、十分な回復が得られず、次のセットでのレップ数が減ってしまうことも考えられます。そうすると、トレーニングボリューム（負荷×レップ数×セット数）が減ってしまうため、筋肥大の効果も減ると考えられます。

また、休息時間が短く十分な回復が得られないと、エクササイズテクニックがまだ習得不十分な方は特にフォームが崩れてしまい、ケガにつながるリスクもあります。

　そのような理由から、先ほどご紹介した休息時間を目安に、ご自身の疲労具合と相談しながら、次のセットに臨む準備が整うまで十分な休息時間をとることをおススメします。

POINT!

● 筋肥大目的のインターバルは、中・上級者では「30 〜 90 秒の休息」が推奨されるが、初心者の場合は次のセットに臨む準備ができるまで休息をとったほうがよい

「正しいフォームか」を
定期的に振り返る
必要性

フォームを振り返ることは、自分のなりたい身体を効率よく
手に入れるためにとても重要です。

まずは安全第一！

　これまでも述べた通り、筋肥大を目標とした筋トレでは、その人
の筋力なりに高い負荷が必要となってきます。**負荷が高いというこ
とは、失敗すればケガのリスクも上がります。**

　前述の通り、筋トレは長期間継続しなければ見た目にわかるよう
な効果は得られませんので、途中でケガをしてしまっては、筋トレ
を継続できずに効果を得ることができなくなってしまいます。
　関節などにはできる限り負担をかけず、狙った筋肉にしっかりと
刺激が入るような、安全なフォームで実施することが大切です。「関
節にやさしく、筋肉に厳しい」フォームで行いましょう。

🏋 「正しいフォーム」とは？

　筋トレでは、自身の目的を達成するために必要なエクササイズを選択し、トレーニング目標に合わせた負荷を設定し、回復時間を考慮してどのくらいの頻度で行うかをスケジュールして継続していくことが大切です。

　加えて、「**実施するエクササイズが目的を達成するために最適なフォームでできているか？**」ということもとても大切です。

　たとえば同じベンチプレスでも、「とにかく1kgでも重いバーベルを挙げたい！」という場合と、「分厚い胸板を手に入れるために大胸筋に効かせたい！」という場合では、適切なフォームが変わってきます。

　もちろん、前者のフォームで行ったからといって大胸筋に効かないわけではありませんし、後者のフォームで行ったからといって挙上重量が伸びないわけではありません。しかし、**フォームを間違えるとその目的を達成するための最適な方法ではなくなってしまう**ということです。

　本書はエクササイズのやり方をご紹介することが目的ではありませんので、ベンチプレスのフォームの詳細については書きませんが、自分の目的を達成するために最適なフォームになっているかどうかを確認することは、**自分のなりたい身体を効率よく手に入れるためにとても大切**です。

🏋 トレーニングの専門家に見てもらおう！

　そうはいっても、自分のフォームが適切かどうかを自身で判断するのは、専門家でなければ難しいかもしれません。

お仲間に中・上級者のトレーニーの方がいたとしても、その方とあなたの目的が合っていなければ、フォームを真似しても最適なフォームにはならないかもしれません。

　そのような場合は、トレーニングについてしっかり学び、実践しているパーソナルトレーナーに見てもらうとよいでしょう。できれば、最適でないフォームでやり始める前に、筋トレを開始するタイミングで一度パーソナルトレーナーに指導を仰ぐことをおススメします。

POINT!

- フォームを間違えるとその目的を達成するための最適な方法ではなくなるため、最適なフォームでエクササイズを実施できているかを確認することは大切

マシンと
フリーウェイトの
それぞれのメリットは？

マシンは主働筋に集中してエクササイズを実施でき、フリーウェイトはエクササイズに多様性をもたせられます。

マシントレーニングのメリット

ジムに行けば、「チェストプレス」「ラットプルダウン」「レッグカール」などのトレーニングマシンが数多く並んでいると思います。

バーベルやダンベルなどを用いた「**フリーウェイトトレーニング**」と「**マシントレーニング**」を比較した際のマシントレーニングのメリットを考えてみたいと思います。

マシントレーニングは、そのエクササイズを行う専用のマシンとなり、マシンを動かす方向が決まっています。バーベルやダンベルのように誤って落下させる危険性がないため、トレーニングをはじめて行う初心者の方などでも失敗するリスクが少なく、安全に行えます。

また、**動かす方向が決まっていることで、フリーウェイトと比較してエクササイズテクニックの習得に時間がかからない**ことも、初

心者の方にはメリットといえるでしょう。

　心理的にも、フリーウェイトより恐怖感がなく実施できると思いますので、初心者の方が1人でトレーニングをする際にも安心して行えるのではないでしょうか。

　また、マシンはフリーウェイトと比べて安定した状態で行えるため、自力で姿勢を維持する必要性が低く、主働筋に集中してエクササイズを実施することが可能です。

　フリーウェイトトレーニングによる**多関節運動（2つ以上の関節を同時に動かす運動）**では狙った部位に効かせることが難しい初心者の方も、マシントレーニングによる**単関節運動（1つの関節のみを動かす運動）**なら狙った部位に刺激を入れやすいと思います。

　また、中・上級者の方も、フリーウェイトトレーニングで疲労したあと、マシントレーニングでさらに主働筋に集中して追い込みをかけることで、トレーニングボリュームを増やすという方法も有効だと考えられます。

フリーウェイトトレーニングのメリット

　バーベルやダンベルなどを用いたフリーウェイトトレーニングでは、**動かす方向に制限がなく自由な動作が可能**となりますので、エクササイズに多様性をもたせることが可能です。

　同じエクササイズでも、どの関節を主に動かすかによって、動員する筋肉をコントロールできるため、高度なエクササイズテクニックをもつ上級者の方にとっては、目的に合わせてフォームをカスタマイズすることができます。

　また、マシンと比べて**フリーウェイトの場合は、自力で姿勢を安定させながら動作を行う必要がある**ため、マシントレーニングより

も多くの筋肉が動員されます。

　太りにくくやせやすい身体を手に入れるために筋肉量を増やしたい方の場合は、1つのエクササイズでより多くの筋肉が動員されることは、目的達成のために有効です。

　日常動作を改善したい一般の方や競技力を向上させたいアスリートの方にとっても、姿勢を安定させた状態で筋力を発揮する能力が向上することは、とても大切な要素になるため、フリーウェイトトレーニングがオススメです。

POINT!

- フリーウェイトトレーニングはマシントレーニングよりも多くの筋肉が動員され、姿勢を安定させた状態で筋力を発揮する能力が向上する

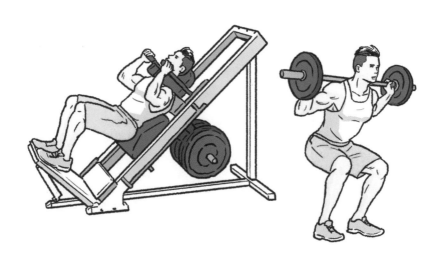

アイソレーション種目と
コンパウンド種目の
特徴とは?

1回のトレーニングで複数のエクササイズを行う場合、実施する順序も考える必要があります。

トレーニング種目は2つに分けられる

前項で説明した通り、筋トレの種目には、1つの関節だけを動かす「単関節運動」の種目と、2つ以上の関節を同時に動かす「多関節運動」の種目があります。

「**アイソレーション種目**」とは前者の単関節運動のエクササイズになり、「**コンパウンド種目**」とは後者の多関節運動のエクササイズになります。

アイソレーション種目の特徴

アイソレーション種目は関節を1つだけ動かすので、エクササイズの難易度が低く、動員される筋肉も限定されます。そのため、**初心者の方でも適切なフォームで行いやすく、主働筋に意識を向け**やすくなります。

たとえば、下肢（かし）の種目ではレッグカールやレッグエクステンション、上肢（じょうし）の種目ではバイセップスカールやトライセップスエクステンションなどがあります。

　トレーニングマシンはアイソレーション種目用のものが多く、前項で述べた特徴と併せてアイソレーション種目を行うのに適しているといえます。

コンパウンド種目の特徴

　コンパウンド種目は2つ以上の関節を同時に動かすため、動員される筋肉が多く、1種目で多くの筋肉を同時に鍛えることができ、トレーニング効率が向上します。**アイソレーション種目よりも高重量の挙上が可能となり、高い負荷のエクササイズが実施できます。**

　筋トレの「BIG3」といわれるスクワットやデッドリフト、ベンチプレスなどがこれにあたります。

どちらを先にやるべきか？

　1回のトレーニングで複数のエクササイズを行う場合は、**実施する順序**も考える必要があります。

　基本的には、エクササイズの技術的難易度が高く、疲労も大きい**コンパウンド種目を疲労の少ないうちに行うほうがよいため先に実施し、その後に補助種目としてアイソレーション種目を行うこと**をおススメします。

　たとえば下肢の場合であれば、コンパウンド種目としてバックスクワットを行い、アイソレーション種目としてアダクションやアブダクション、レッグカールやレッグエクステンションを行うという方法です。

例外として、アイソレーション種目を先に行うことが有効な場合もあります。たとえば、コンパウンド種目では最も鍛えたい部位に意識が向けづらい場合、技術的難易度が低く、主働筋に意識が向けやすい**アイソレーション種目で鍛えたい筋肉を意識しながら動く練習をして、その後にコンパウンド種目を行うと、筋肉を意識しやすくなるでしょう。**

　下肢の場合、アイソレーション種目であるヒップリフトで大臀筋に意識を向けながら動く練習を行ってから、コンパウンド種目としてバックスクワットを行うという方法です。

POINT!

- 基本的には先にコンパウンド種目を行い、その後に補助種目としてアイソレーション種目を行う方法がおススメ

「ポジティブ」と
「ネガティブ」の動作を
意識して行う

筋肥大目的で筋トレを行う際は、特にネガティブ動作を丁寧に行う必要があります。

ポジティブ動作とネガティブ動作

筋トレのエクササイズには、**挙上局面**と**下降局面**があります。前者のことを「**ポジティブ**」、後者のことを「**ネガティブ**」と呼ぶ場合があります。

ベンチプレスでいえば、バーベルを挙げるときが「ポジティブ」、下ろすときが「ネガティブ」です。

「1-4 筋肥大をうながすmTOR（エムトール）とは何か？」で述べた筋活動様式に当てはめると、「ポジティブ」が短縮性筋活動、「ネガティブ」が伸張性筋活動になります。

ネガティブ動作はなぜ重要？

重りを持ち上げるときには誰でも一生懸命持ち上げると思いますが、初心者ほど下ろすときに力を抜いてしまう方が多くいます。

持ち上げるのに精一杯で下ろすときに力を抜きたくなる気持ちもわからなくはないですが、安全面から考えても、筋肥大効果の面から考えても、**下ろす「ネガティブ」の動作も気を抜かずに丁寧に行うことが大切**です。

　安全面でいえば、下ろす動作で力を抜いてしまうと、筋肉が急激に伸ばされて危険です。

　フリーウェイトのプレス系種目（ベンチプレスやショルダープレスなど）であれば、重りが自分の身体に向かって急に下りてきますので、セーフティバーを適切に使用していなければ自身の身体の上に落下させてしまう危険性があります。

　マシン種目では自分の身体に重りが落下してくる心配がないためか、「ガシャン！」と大きな音を立てて下ろす初心者の方をたまに見かけますが、自分は大丈夫でもマシンが壊れるかもしれません。

　筋肥大効果の面でいえば、「1-4　筋肥大をうながすmTOR（エムトール）とは何か？」で述べた通り、伸張性筋活動であるネガティブ動作は、短縮性筋活動・等尺性筋活動に比べてmTORシグナルを増加させて筋肥大につながると考えられるため、**筋肥大目的で筋トレを行う方は特にネガティブ動作を丁寧に行う必要がある**でしょう。

🏋️ ネガティブ動作はどのように行うべきか？

　では、ネガティブの動作はどのように行うのがよいのでしょうか？　それは、**負荷に抵抗しながら（スピードをコントロールしながら）丁寧に行うことが大切**です。

　たとえば、ベンチプレスでバーベルを下ろすネガティブ局面で力

を抜いてしまうと危険ですし、筋肥大効果も減少します。

　特にベンチプレスでは、バーが胸に触れた位置から挙上する際に大胸筋が主に使われるため、ネガティブで力を抜いて胸の上でバーをバウンドさせるようなフォームでは、大胸筋に効かせる効果が大きく減少してしまいます。

　バーベルの重さに抵抗しながら下ろすスピードをコントロールし、バーが胸にそっと触れたらポジティブ動作に移るように意識して行いましょう。

POINT!

● 筋肥大のためにはネガティブ動作が重要であり、負荷に抵抗しながら（スピードをコントロールしながら）丁寧に行うことが大切

トレーニングベルトや
パワーグリップの
メリットは?

トレーニングベルトやパワーグリップにはメリットがありますが、初心者のうちから使うとデメリットもあります。

🏋 トレーニングベルトは使うべき?

　ジムに行くと、腰に太いベルトを締めてスクワットやデッドリフトなどを行っている方を見る機会も多いと思います。このトレーニングベルトは、何のために使っているのでしょうか?

　トレーニングベルトを使うことで得られるメリットはいくつかありますが、多くのトレーニーが使う理由は、**腹圧が上がることで筋力発揮がしやすくなる**という点だと思います。パワーリフティングの競技でもベルトの使用が認められていますので、この競技に出場するパワーリフターの方は使わない手はないでしょう。

　ボディビルなどのコンテストに出場する選手や、コンテストに出ないまでも見た目をカッコよくするために筋肉量を増やしたい方にとっても、普段のトレーニングでベルトを使用することでより高負荷のトレーニングが実施でき、トレーニング効果が上がるのであれ

ば、使うメリットは大きいと考えられます。

🏋 トレーニングベルトのデメリット

　しかし、トレーニングベルトにもデメリットがあります。ベルトを使用することで血圧が上がることがありますので、高血圧の方や、心臓・血管に疾患をおもちの方はご注意ください。

　また、初心者のうちからトレーニングベルトを使用していると、**ベルトなしで腹圧を上げる感覚が養われず、ベルトがないとトレーニングができなくなることも考えられます。**

　競技力を向上するための手段の1つとして筋トレに励むアスリートの場合、競技でトレーニングベルトは使わないでしょうから、トレーニングで得た筋力を競技で活かしづらくなるかもしれません。

　アスリートの場合は、トレーニングベルトは使用しないか、使用する回としない回を設けるなどして、ベルトに頼り過ぎないことも重要だと考えられます。

🏋 パワーグリップは使うべき？

　バーベルを引く種目（デッドリフト、ベントオーバーロウなど）では、扱う重量が上がってくると、素手では握力が追いつかず、主働筋はまだオールアウト（エクササイズを継続できなくなる状態）していないのにバーベルを握っていられなくなり、セットを終了せざるを得ない状況になることがあります。

　こういった場合は、「**パワーグリップ**」や「**リストストラップ**」などの**握力を補助してくれるトレーニングギア**を使用することをおススメします。握ることに注意をとられず、主働筋に集中してトレーニングができ、主働筋をオールアウトまで追い込むことができるよ

うになります。

　しかし、初心者のうちからパワーグリップを使っていると、握力が育たず、高重量を扱えるようになったころに背中などの大きな筋肉と握力のバランスがくずれ、握力が弱いことでしっかり追い込めないエクササイズが出てくるかもしれません。

　素手でも問題なく引く種目のエクササイズができるうちはパワーグリップに頼らず、握力が追いつかないくらいの高重量を扱えるようになってからパワーグリップやリストストラップを使うことをおススメします。

POINT!

- トレーニングベルトのメリットは腹圧が上がることで筋力発揮がしやすくなる点であり、パワーグリップなどは握力を補助してくれるメリットがある

「BIG3」で
よくやりがちなフォームの
NG例とは?

スクワット・デッドリフト・ベンチプレスの「BIG3」は、フォームの習得が難しいエクササイズです。

スクワット

まずは「キング・オブ・エクササイズ」ともいわれる「スクワット」から。バーベルを首の後ろに担いで行うバックスクワットは、お尻・太ももだけではなく姿勢維持などのために体幹部の筋肉も動員され、**1つのエクササイズで下肢の大筋群をふくむ多くの筋肉を刺激できるエクササイズ**です。それだけに動かす関節も多く、フォームの習得が難しいエクササイズの1つです。

動かす関節としては股関節・膝関節・足関節ですが、そのなかでも股関節と膝関節のどちらを大きく動かすかで各筋肉への刺激の入り方が変わります。高重量を扱える種目でもあり、フォームを間違えるとケガにつながるリスクも大きくなります。

バックスクワットの場合、バーベルを担いだ状態から股関節・膝関節を同時に曲げ始めて、真下にしゃがんで真上に上がるイメージ

で行うフォーム（ノーマルスクワット）では、**股関節を伸ばす筋肉である大殿筋や膝関節を伸ばす筋肉である大腿四頭筋を満遍なく刺激できます**[*5]。

　対して、バーベルを担いだ状態から股関節を意識的に曲げてお尻を後ろに引くようにしゃがんでいくフォーム（股関節主導型スクワット）では、**股関節の動きが大きくなり、大殿筋への刺激を強めることができます**[*5]。

スクワットで見られる NG 例

　初心者の方が行うバックスクワットで見られるフォームの NG 例として、**膝関節中心の動作、しゃがむ際に膝が内側に入る、腰・背中が丸まる、可動域が浅い**などが挙げられます。

　膝関節中心の動作では、膝の曲げ伸ばし運動のようなフォームで、股関節が使えていない状態になります。これでは股関節より小さい膝関節に負荷が集中し、ケガのリスクが高まります。また、股関節を動かさないことで大殿筋に刺激を入れることができません。

　しゃがむ際に膝が内側に入るフォームでは、膝の内側の靭帯（じんたい）などを痛めるリスクがあります。**しゃがむ際は膝がつま先と同じ方向を向くようにしましょう。**

　腰・背中が丸まる動作では、腰椎（ようつい）に負担がかかり、腰を痛めるリスクが上がります。もも裏などの筋肉の柔軟性がとぼしい方が深くしゃがむと骨盤が後傾し、腰が丸まってしまうこともあります。**骨盤を軽く立て、肩甲骨を軽く寄せ、胸を張った姿勢を保てる範囲の深さで行いましょう。**

　可動域（しゃがむ深さ）が浅いスクワットは、目的をもってバリ

エーションの1つとして可動域を制限して行う場合はいいのですが、そうではなく、なんとなく他人の真似でバックスクワットをやってみて、浅いスクワットになってしまっている初心者の方を多く見かけます。

ウェイトトレーニングの負荷は「**重量×移動距離**」で算出されますので、浅い可動域では移動距離がとれず、適切な負荷をかけられません。また、浅い可動域で行うバックスクワットでは、大殿筋に十分な刺激が入りません[*6]。

初心者のうちはバーベルを担いだまま深くしゃがむことに恐怖心があると思いますし、柔軟性や筋力がとぼしくて深くしゃがめない場合もあると思います。したがって、自体重でのスクワットで練習を重ね、バックスクワットにチャレンジする場合はセーフティバーを適切な高さに設定したうえで、できればももと床が平行になる深さを目標に、いいフォームを保ったまましゃがめる限界の深さまでしゃがんでみてください。

🏋️ デッドリフト

デッドリフトもスクワット同様に**複数の関節と下肢の大筋群や背中などの多くの筋肉を動員し、高重量を扱える種目**ですが、それだけにフォームの習得が難しいエクササイズです。

床に置いたバーベルを股関節・膝関節を伸ばしながら引き挙げていく通常のデッドリフト（通称：床引きデッドリフト）や、直立した状態をスタートポジションとして、膝はやや曲げた状態を維持し、お尻を後ろに引きながら股関節主導でバーベルを下ろして挙げるルーマニアンデッドリフトなどのバリエーションがあります。

🏋 デッドリフトで見られる NG 例

　これらに共通した NG 例として、**腰や背中が丸まる、腰を反らせ過ぎる、バーが身体から離れる、下ろすときに力を抜く**などが挙げられます。

　腰や背中が丸まる、逆に腰を反らせ過ぎるフォームは腰椎に負担がかかり、腰を痛めるリスクが上がります。骨盤を軽く立てて肩甲骨を寄せ、胸を張って背筋を伸ばし、腰から頭までをまっすぐにするイメージで姿勢をつくり、**動作中はその姿勢を崩さずに行いましょう**。

　バーが身体から離れると、腰の中心からバーベルの中心までの水平距離が伸びることで腰への負担が増し、腰を痛めるリスクが上がります。肩甲骨が離れることでバーが身体から離れてしまいますので、**肩甲骨を寄せて、バーがももとすねを擦るようなイメージで動作を行いましょう**。

　下ろすときに力を抜いてしまうと、ネガティブでの負荷が抜けてトレーニング効果が減るばかりでなく、特にルーマニアンデッドリフトでは、もも裏のハムストリングスが急激に引き伸ばされて危険です。

　床引きデッドリフトでは、勢いよく地面にプレートを落下させ、その反動を使って挙げる方もいますが、プレートや床が傷ついたり周りの方が大きな音に驚いたりして迷惑です。重力に逆らいながら下ろすスピードをコントロールして行いましょう。

ベンチプレス

　ベンチプレスは、胸や二の腕など服を着ていても目立つ上半身の筋肉を刺激できる人気のエクササイズです。

　基本的なフォームでは手幅を肩幅よりやや広くとって行いますが、肩幅程度に狭めたナロウグリップで行うことによって、二の腕（上腕三頭筋）により強い刺激を与えることができます[*7]。

　また、ベンチに角度をつけることで（インクライン、デクライン）ターゲットを大胸筋の上部や下部に移すことも可能です。

ベンチプレスで見られる NG 例

　ベンチプレスの NG 例としては、**手幅が広すぎる、前腕が床と垂直を保てない、挙上時にお尻を浮かせる、バーを胸の上でバウンドさせる**などが挙げられます。

　手幅が広くなると肩関節の外転角度が大きくなりますが、肩関節外転角度が90度に近い状態で行うと、大胸筋断裂や慢性的な肩の傷害のリスクが上がります[*8]。

　手幅が肩峰幅（けんぽう）の2倍以上に広いと肩関節の外転角度は75度以上に大きくなり、手幅を肩峰幅の1.5倍以下にすると肩関節の外転角度は45度未満に維持できる[*8]ことから、**安全のために手幅は肩峰幅の1.5倍程度で行うとよいでしょう。**

　ベンチプレスでバーベルを持った際にひじが内側に入り、前腕が床と垂直を保てない（肩関節外旋（がいせん））ことと、手幅が広く肩関節の外転角度が大きいことが重なると、さらに肩関節の傷害リスクが上がります[*8]。**ベンチプレスでは前腕が床と垂直の角度を保って行いましょう。**

自分にとっての高重量でベンチプレスを行うと、適切なフォーム
がしっかり習得できていない初心者の方はついついフォームを崩し
てしまいがちです。

　挙上時にお尻を浮かせてしまっている方もよく見かけます。高重
量の負荷がかかった状態で挙上時にお尻を浮かせてしまうと、椎間
板が過剰に圧縮されてしまう可能性があり[*9]、危険です。バーベル
は挙げやすくなりますが、ケガをしてトレーニングができなくなっ
てしまっては元も子もありませんので、適切なフォームを崩さずに
行いましょう。

　バーベルを胸の上でバウンドさせてしまうのもよくありがちなミ
スです。これは、最も胸に刺激を与えられるポイントで力を抜いて
しまい、大胸筋へのネガティブな負荷が抜けてしまっています。大
胸筋が急激に引き伸ばされるため、特に高重量を扱う場合にはケガ
のリスクも上がります。安全のためにもトレーニング効果を得るた
めにも、**重力に逆らいながら、バーベルを下ろすスピードをコント
ロールして行いましょう。**

POINT!

- **BIG3 は多くの筋肉を動員できるエクササイズだが、ケガを
しないよう正しいフォームで行う**

複数のセットを行う場合、重量を変えてもよいのか？

複数のセットを行う際には、重量を変えなくてよい場合と重量を落としたほうがよい場合があります。

複数セットでは、重量を変えるべきか？

前述の通り、筋肥大の目標で筋トレを行う場合には、最大努力で6～12レップ（初心者は8～12レップ）反復できる重量で行うことが勧められます。

しかし、同じエクササイズを同じ重量で複数セット行っていると、疲労によってセットごとに反復できるレップ数が落ちてくる場合があります。**レップ数が落ちても、最大努力で6～12レップ（初心者は8～12レップ）反復できる範囲内であれば、基本的には重量を変える必要はないでしょう。**

同じ重量では後半のセットで反復できるレップ数が6～12レップの範囲から逸脱してしまうような場合（5レップ以下でしか反復できなくなる場合）には、**重量を落として6～12レップ（初心者は8～12レップ）反復できる重量に調整するとよいでしょう。**

■重量を変えない場合の例

1セット目	2セット目	3セット目
50kg × 10 レップ	50kg × 9 レップ	50kg × 8 レップ

■重量を落とす場合の例

1セット目	2セット目	3セット目
50kg × 10 レップ	50kg × 8 レップ	50kg × 5 レップ

↓

1セット目	2セット目	3セット目
50kg × 10 レップ	50kg × 8 レップ	重量を落とす

POINT!

● レップ数が落ちても 6 ～ 12 レップ（初心者は 8 ～ 12 レップ）反復できる範囲内であれば重量を変える必要はなく、同じ重量では 5 レップ以下でしか反復できなくなる場合は重量を調整する

筋肥大のための
栄養摂取のポイントは？

栄養の基本である「PFCバランス」を押さえよう

> タンパク質・脂質・糖質（炭水化物）は三大栄養素と呼ばれており、適切な量を摂取する必要があります。

「PFCバランス」とは？

　人間が生きていくためには食事から栄養素を摂取する必要があります。様々な食材から様々な栄養素を摂取しますが、エネルギーをもった栄養素は3種類です。

　1つ目は**タンパク質**、英語表記でProteinです。2つ目は**脂質**、英語表記でFatです。3つ目は**糖質（炭水化物）**、英語表記でCarbohydrateです。この3種類の栄養素を「**三大栄養素**」と呼びます。1日に摂取したエネルギーのうち、この三大栄養素のそれぞれが占めるエネルギーの割合を表わしたものが「**PFCバランス**」になります。

　厚生労働省の「日本人の食事摂取基準（2020年版）」では、1〜2歳から75歳以上までの年齢階層別に、1日に摂取するエネルギーの

うちのタンパク質・脂質・糖質（炭水化物）の摂取目標量（％）を掲載しています。

　男女とも、タンパク質摂取の目標量は13 〜 20％（50 〜 64歳は14 〜 20％、65 〜 74歳・75歳以上は15 〜 20％）[*1]、脂質摂取の目標量は20 〜 30％[*2]、糖質（炭水化物）摂取の目標量は50 〜 65％[*3]とされています。

タンパク質の特徴

　タンパク質は1gあたり「約4kcal」のエネルギーをもっていて、肉や魚、卵、豆類、乳製品などから摂ることができます。

　タンパク質の主な役割は、筋肉や内臓、髪、皮膚など、身体の組織をつくることで、その材料となります。 筋肉を大きくしたいトレーニーのみなさんは、必要量をしっかりと摂取する必要があります。

　スポーツや筋トレなどの運動を行っていない一般の方は、1日に体重1kgあたり0.72gのタンパク質が必要[*4]とされています。一方、筋肉を大きくするために筋トレに励んでいるみなさんは、一般の方より多くのタンパク質を必要とするため、**1日に体重1kgあたり1.2 〜 2.0gのタンパク質を摂取**[*4]したいところです。

脂質の特徴

　脂質は1gあたり「約9kcal」のエネルギーをもっていて、肉や魚・乳製品などタンパク質を豊富にふくむ食材やナッツ類に多くふくまれています。

　脂質の主な役割は、タンパク質や糖質の約2倍のエネルギーをもつ、効率のよいエネルギー源になることです。 主に低強度運動時

（ウォーキングなどのラクな運動）に利用されます。また、生体膜や
ホルモンの材料となり、脂溶性ビタミンの吸収を助けるなど、重要
な役割を担っています。カッコいい身体づくりにはマイナスのイメ
ージをもたれがちですが、必要量は摂取しましょう。

糖質（炭水化物）の特徴

　糖質は炭水化物から食物繊維を除いたもので、1gあたり「約
4kcal」のエネルギーをもっていて、米や麺類、パンなど主食となる
食品のほか、イモ類や果物、甘い菓子類などに多くふくまれていま
す。

　**糖質は、身体を動かす主要なエネルギー源としての役割を担って
います。**体内では血液中（血糖）と肝臓・筋肉（グリコーゲン）に
貯蔵され、筋トレのような高強度運動時の主なエネルギー源となる
ため、トレーニーのみなさんは筋肉を大きくするために糖質もしっ
かり摂る必要があります。

POINT!

●筋トレを行っている人の場合には、タンパク質と糖質をしっ
　かり摂り、脂質は必要量を摂取する

筋肉をつけるために
プロテインは
必要なのか?

筋トレをしている人の場合、タンパク質の必要量を食事のみ
で摂取するのは大変なため、サプリメントは役立ちます。

プロテインは必要?

　一昔前までは、「プロテイン」というとマッチョが飲む筋肉増強剤
のようなイメージをもたれていましたが、プロテインサプリメント
はそのようなものではなく、タンパク質を摂取するための栄養補助
食品です。

　今では筋トレに励むトレーニーのみなさんだけではなく、筋トレ
を行っていない一般の女性たちにも美容や健康のためにタンパク質
ブームが巻き起こっています[*5]。

　では、プロテインサプリメントを摂取しないと筋肉はつかないの
でしょうか?　そんなことはありません。**食事から十分な量のタン
パク質を摂取できていれば、プロテインサプリメントを摂る必要は
ない**のです。

　しかし、筋肉量を増やそうと筋トレに励むみなさんは、**筋トレを**

行っていない方の倍ほどの量のタンパク質を摂取する必要があります。これを食事だけで摂取するのは、なかなか大変です。

たとえば、体重80kgのトレーニーが1日に体重1kgあたり2gのタンパク質を摂ろうとすると、80kg×2gで160gのタンパク質を摂取することになりますが、よく間違われるのが、肉や魚などの食材を160g食べればいいワケではありません。

高タンパク低脂肪の食材でイメージしやすい鶏のささみでも、100g中にふくまれるタンパク質量は19.0g[6]なので、**160gのタンパク質をささみだけで摂ろうとすると、約840gも食べなければなりません。**

朝食・昼食・夕食の3回に分けて食べるとしても、1食当たり280g食べることになります。食欲のないときや寝起きの朝食に食べられなかった場合は、その分タンパク質が不足してしまいます。そんなときには、プロテインサプリメントで補うことで、タンパク質不足を防ぐことができます。

また、**食事だけでタンパク質を摂ろうとすると、その分脂質も摂取することになります。**プロテインサプリメントはタンパク質だけを選択的に摂取することができるので、脂質の過剰摂取を防ぐことにも役立ちます。

プロテインサプリメントの種類

プロテインサプリメントにもいろいろ種類がありますが、メジャーなものだと、**牛乳が原料のホエイプロテインやカゼインプロテイン、大豆が原料のソイプロテイン**があります。

ホエイプロテインは吸収が速く、カゼインプロテインとソイプロテインはゆっくり吸収されるため、筋トレの直後にはホエイプロテ

イン、間食や就寝前にはカゼインプロテインやソイプロテインと、摂取タイミングによって種類を使い分けることも有効です。

プロテインサプリメントの有効な摂取タイミング

よく「筋トレ直後はプロテイン摂取のゴールデンタイム」[*7]と言われますが、**筋トレで傷ついた筋肉を修復させるために、トレーニング直後のタンパク質摂取**が勧められています。

その際に、毎回トレーニング直後にタンパク質がしっかり摂れる食事ができればいいですが、難しい場合もあるでしょう。運動直後には食欲がわかない場合もあると思います。そんなときにはプロテインサプリメントが役立ちます。

多くのプロテインサプリメントはシェイカーで水に溶かすだけでサッと飲めるパウダータイプなので、運動直後で食欲がなくても飲みやすくなっています。吸収が速いホエイプロテインなら、トレーニング直後に飲むのに最適です。

また、筋トレで傷ついた筋肉を回復させるタイミングである就寝時の筋肉へのタンパク質補給には、ゆっくり吸収されるカゼインプロテインやソイプロテインが適しています。減量中の間食にも、ゆっくり吸収されることで腹持ちするカゼインプロテインとソイプロテインは役立つでしょう。

POINT!

- プロテインは、摂取タイミングによって種類を使い分けることも有効

糖質はトレーニングの前後に摂ったほうがいいのか?

糖質はエネルギー源となるため、筋トレの前には十分に摂取し、
筋トレ後に速やかに摂ることで筋分解を抑えます。

筋肉を増やす（減らさない）ために重要な糖質

筋肉を増やすためにタンパク質摂取は重要ですが、忘れてはならないのが糖質です。

タンパク質は主に筋肉などの材料となり、糖質と脂質はエネルギー源となります。糖質は血液中のグルコースと肝臓・骨格筋のなかのグリコーゲン（グルコースが連結された状態）という形で貯蔵されています。安静時や強度が低い運動ではエネルギー基質として脂質が利用される比率が高いですが、**運動強度が上がるにつれて糖質が利用される比率が高まります**。

筋トレなどの高強度の運動では糖質が主なエネルギー源になりますので、筋トレを行う前には食事などで十分な量の糖質を摂取しておく必要があります。**糖質が不足した状態だと、筋肉が分解されてエネルギーとして利用されてしまいます。**

ネットプロテインバランス（筋タンパク質の合成量-筋タンパク質の分解量）をプラスにしなければ筋肉量を増やすことはできませんので、タンパク質の分解をできる限り抑えるために糖質摂取は重要です。

🏋️ 筋トレ後の糖質摂取

　筋トレでは骨格筋に貯蔵されていた筋グリコーゲンがエネルギーとして利用されますが、**筋トレ後に糖質を摂取することで筋グリコーゲンが補充され、ネットプロテインバランスが改善されて筋分解を抑えます**[*8]。筋トレのあとは食事や軽食、サプリメントなどで速やかに糖質を補給しましょう。

　私が公認パーソナルトレーナーとして活動しているゴールドジムではプロテインバーという場所があり、プロテインパウダーを水や低脂肪乳などとミキサーにかけ、それをバーカウンターで飲むのですが、トッピングでバナナを入れるのが定番となっています。
　バナナシェイクのような味わいが楽しめるだけでなく、タンパク質（プロテイン）と糖質（バナナ）を併せて摂取でき、理にかなっています。自宅で食べる焼肉よりも屋外で食べるバーベキューのほうが美味しいように、自宅で同じようにつくるプロテインよりゴールドジムのプロテインバーで飲むプロテインのほうが格別に美味しく感じます（私の主観です）。

POINT!

- 糖質は運動強度が上がるにつれて利用比率が高まり、糖質が不足すると、筋肉が分解されてエネルギーとして利用される

CHAPTER 3　筋肥大のための栄養摂取のポイントは？

筋肥大のための
エネルギー摂取
～必要なエネルギー量は?～

自分に必要なエネルギー量の推定はできますが、定期的に体重測定を行い、食事量を調整するようにしましょう。

🏋 除脂肪体重 1kg 増量に必要なエネルギー量

「1-6　筋肉をつけるためになぜタンパク質が大切なのか？」で説明しましたが、筋肉量を増やすためにはエネルギー収支をプラス（消費エネルギー＜摂取エネルギー）の状態にする必要があります。

一定期間体重の変動がない場合はエネルギー収支が同等と考えられ、飲食により摂取したエネルギーが生命維持や日常生活、筋トレなどの運動で利用され、過不足がない状態です。

筋肉量を増加させるためには、さらに筋肉の成長に使われる分のエネルギーを摂取する必要があるため、より多くのエネルギーを摂取しなければなりません。

除脂肪体重（体脂肪を除いた筋肉・骨・内臓などの重さ）を1kg 増やすためには約5,500kcalのエネルギーが必要[9]になりますので、しっかりと筋トレを行いながら、1日に約200kcal余計に摂取すれば、1か月で約1kgの除脂肪体重を増加させられる計算になります。

🏋️ 自分のエネルギー必要量を推定する方法

　自分に必要なエネルギー量を知ることができれば、筋肥大のための食事の量を調整できるようになります。下記の表[*9]を用いて、**自分の体重（kg）と身体活動レベルをかけることで、自分に必要なエネルギー量を推定することができます。**

■ 必要なエネルギー量

身体活動レベル	男性 (kcal/kg)	女性 (kcal/kg)
軽い	38	35
中程度	41	37
激しい	50	44

　筋肥大のために高強度の筋トレを行っている方であれば、トレーニングを行った日は身体活動レベル「激しい」の数字を自分の体重にかけてください。

　たとえば、体重80kgの男性の場合であれば、「50kcal × 80kg ＝ 4,000kcal」。4,000kcalを摂取すると、今の体重を維持できることになります。これに、筋肉を増やすためのエネルギーを追加で摂取できれば、その分筋肉の成長に利用されます。

　しかし、上記の式はあくまで概算になりますので、定期的に体重測定を行い、食事量を調整するようにしてください。

POINT!

● **自分に必要なエネルギー量を知ることができれば、筋肥大のための食事量を調整できるようになる**

筋肥大に役立つ
栄養素の特徴は?
～ビタミンB群、ビタミンD、亜鉛～

ビタミンは脂溶性ビタミンと水溶性ビタミンに分けられ、様々な重要な役割を担っています。

🏋️ ビタミンの種類

ビタミンは三大栄養素のようなエネルギーはもっていませんが、**三大栄養素の代謝を助けたりと重要な役割を担っています。**

ビタミンは全部で13種類あり、**脂溶性ビタミン**（ビタミンA、ビタミンD、ビタミンE、ビタミンK）と**水溶性ビタミン**（ビタミンC、ビタミンB1、ビタミンB2、ビタミンB6、ビタミンB12、ナイアシン、パントテン酸、葉酸、ビオチン）に分けられます。水溶性ビタミンのうち、ビタミンC以外の8種類のビタミンが「**ビタミンB群**」と呼ばれます。

🏋️ ビタミンB1と糖質

ビタミンB1は糖質をエネルギーとして利用するために重要な役割をもつため、糖質と併せて摂取したい栄養素です。不足すると糖

質をエネルギーに変えられず、エネルギー不足から疲労につながります。また、欠乏症の症状として脚気があります。

豚肉、レバー、心臓、腎臓、脱脂大豆、ごま、落花生、のり、酵母などに多くふくまれています[*10]。また、白米や白パンなど精製された穀類ではビタミンB1などの栄養素も減っていますが、玄米や全粒粉パンなど精製されていない穀類にはビタミンB1が多くふくまれていますので、主食を全粒穀物にすることでもビタミンB1を摂取しやすくなります。1〜64歳の推定平均必要量は、エネルギー消費量1,000kcalあたり0.45mg[*11]となっています。

ビタミンB2と脂質

ビタミンB2は脂質をエネルギーとして利用するために重要な役割をもつため、脂質と併せて摂取したい栄養素です。体脂肪を減らしてカット（体脂肪を減らすことで筋肉と筋肉の境目や筋を目立たせる）を出すためにも、積極的に摂取しましょう。不足するとエネルギー不足から疲労につながります。

やつめうなぎ、レバー、乳製品、卵、肉、魚、胚芽、アーモンド、酵母、のり、干しシイタケなどに多くふくまれています[*10]。1〜64歳の推定平均必要量は、エネルギー消費量1,000kcalあたり0.50mg[*11]となっています。

ビタミンB6とタンパク質

ビタミンB6はタンパク質から筋肉をつくる際に利用されますので、タンパク質と併せて摂取したい栄養素です。筋トレの効果を最大限に高め、筋肉量を増やすためには積極的に摂取しましょう。

マグロやカツオ、サケ、サンマ、イワシなどの魚、レバー、鶏肉、

バナナ、さつまいもなどに多くふくまれています[*10]。1〜64歳の推定平均必要量は、タンパク質摂取量1gあたり0.019mg[*11]となっています。

筋肉の機能を向上させるビタミンD

ビタミンDは筋収縮（筋肉は収縮することで骨を回転させ力を発生させる）を円滑化するという説があり、「欠乏すると筋力の低下がみられる」「ビタミンDとカルシウムをサプリメントで摂取したことで、神経-筋の運動支配機能が向上した」という報告もあるため[*10]、トレーニーは欠乏しないよう摂取したい栄養素です。

クロカジキやサケなどの魚全般、きくらげ、干しシイタケ、ピータン、卵などに多くふくまれています[*10]。18歳〜75歳以上の男女の摂取目安量は、1日当たり8.5μg[*12]となっています。

筋肉の修復に役立つ亜鉛

亜鉛はタンパク質の代謝を促進し、筋トレで傷ついた筋肉の修復に役立ちますので、タンパク質と併せて摂取したい栄養素です。筋トレの効果を最大限に高め、筋肉量を増やすためには積極的に摂取しましょう。

亜鉛といえばカキをイメージするくらいカキには亜鉛が豊富にふくまれており、それ以外では肉類、魚介類、のりやワカメなどの藻類に多くふくまれています[*13]。男性（18歳〜74歳）の摂取推奨量は1日に11mg、女性（18歳〜75歳以上）の摂取推奨量は1日に8mg[*14]となっています。

各ビタミンを多くふくむ食材

ビタミンB1	豚肉、レバー、心臓、腎臓、脱脂大豆、ごま、落花生、のり、酵母など
ビタミンB2	やつめうなぎ、レバー、乳製品、卵、肉、魚、胚芽、アーモンド、酵母、のり、干しシイタケなど
ビタミンB6	マグロやカツオ、サケ、サンマ、イワシなどの魚、レバー、鶏肉、バナナ、さつまいもなど
ビタミンD	クロカジキやサケなどの魚全般、きくらげ、干しシイタケ、ピータン、卵など
亜鉛	カキ、肉類、魚介類、のりやワカメなどの藻類
ビタミンA	牛レバー、かぼちゃ、さつまいも、ニンジン、ほうれん草など
ビタミンC	パパイヤ、ブロッコリー、イチゴ、オレンジ、カリフラワー、青ピーマン、マンゴーなど
ビタミンE	小麦の胚芽油、ひまわりの種、さつまいも、ひまわりの種油、アーモンド油、コットンシード油、ピーナツバターなど

🏋 ビタミンACE（抗酸化ビタミン）

　人間が生きるうえで酸素は必要不可欠ですが、呼吸から体内に取り込まれた酸素のうちの数パーセントは通常よりも活性化された状態である「**活性酸素**」に変化します[*15]。

　この活性酸素は、細胞伝達物質や免疫機能などの働きを助ける役割を果たしていますが、過剰に産生されると老化やガン、生活習慣病の要因ともなります[*15]。

　人間の身体には、この活性酸素から身体を守る抗酸化防御機構が備わっており、体内にある抗酸化酵素に加えて、食事などで摂取す

る抗酸化物質があります。

　βカロチンは、体内の脂溶性ビタミンが不足した際にビタミンA
に転換され、活性酸素の1つ「スーパーオキシド」を無毒化する作
用があり、ビタミンE・ビタミンCの抗酸化特性を助けます[*16]。牛
レバー、かぼちゃ、さつまいも、ニンジン、ほうれん草などに多く
ふくまれています[*16]。推定平均必要量は、成人男性で850 ～ 900
μgRAE/日、成人女性で650 ～ 700μgRAE/日[*12]となっています。

　ビタミンCは活性酸素種を中和する能力をもっており、ガンや心
臓病の危険性を低下させる働きをすると考えられており、ビタミン
Eの抗酸化効果を助けます[*16]。パパイヤ、ブロッコリー、イチゴ、
オレンジ、カリフラワー、青ピーマン、マンゴーなどに多くふくま
れています[*16]。成人の推定平均必要量は100mg/日[*11]です。

　ビタミンEは細胞膜でフリーラジカル（活性酸素のなかで不対電
子をもつもの）を無毒化することで細胞膜の防御力を高める役割を
もっており、最も重要な抗酸化物質とされています[*16]。小麦の胚芽
油、ひまわりの種、さつまいも、ひまわりの種油、アーモンド油、
コットンシード油、ピーナツバターなどに多くふくまれていま
す[*16]。目安量は、男性6.5 mg/日、女性6.0 mg/日[*12]となっていま
す。

POINT!

- ビタミンには、筋肉をつくったり修復するなど多くの作用が
ある

「プロテイン」以外の サプリメントは 摂るべきか?

筋トレ前に EAA や BCAA などを摂取すれば、体内のタンパク質の分解を抑え、傷ついた筋肉の修復にも役立ちます。

タンパク質、ペプチド、アミノ酸の違い

タンパク質がアミノ酸からできていることは「1-6　筋肉をつけるためになぜタンパク質が大切なのか?」で解説しましたが、ここでタンパク質の構成についてもう少し詳しく見てみましょう。

アミノ酸が単体の場合はそのまま「アミノ酸」と呼びますが、ペプチド結合によって2個つながると「ジペプチド」、3個つながると「トリペプチド」、4〜9個つながると「オリゴペプチド」、10個以上つながると「ポリペプチド」、50個以上つながると「タンパク質」と呼びます[4]。

食品やプロテインサプリメントで摂取した**タンパク質は、胃と小腸で「ペプチド→アミノ酸」へと分解されてから吸収されます**。食品やプロテインサプリメントで摂取するタンパク質は、量を確保できる代わりに体内に吸収されるまでに時間がかかりますが、ペプチ

ド・アミノ酸の状態で販売されているサプリメントは素早く吸収されますので、筋トレ前後や最中など、すぐに体内に摂り入れたい場合に重宝します。

EAA の特徴

「1-6　筋肉をつけるためになぜタンパク質が大切なのか？」で説明した通り、人間の体内のタンパク質は20種類のアミノ酸からできています。

体内で合成することができる「**非必須アミノ酸**」と、体内では合成することができないため食事から摂取する必要のある「**必須アミノ酸**」に分けられ、この必須アミノ酸を「**EAA（Essential Amino Acids）**」といいます（非必須アミノ酸は「**NEAA（Non-Essential Amino Acids）**」といいます）。必須アミノ酸「EAA」と非必須アミノ酸「NEAA」の種類は下記の通りです。

■ 必須アミノ酸と非必須アミノ酸

必須アミノ酸「EAA」9 種類		非必須アミノ酸「NEAA」11 種類	
・ロイシン	・ヒスチジン	・アスパラギン酸	・セリン
・バリン	・リジン	・アスパラギン	・アラニン
・フェニルアラニン	・スレオニン	・グルタミン酸	・プロリン
・トリプトファン	・メチオニン	・グルタミン	・グリシン
・イソロイシン		・システイン	・チロシン
		・アルギニン	

EAAサプリメントは筋タンパク質合成に重要な役割をもっているEAAを素早く摂取できるため、**筋トレ前後や最中などEAAがほしいタイミングで素早く体内に摂り入れることができる点**がメリットといえます。

⬤━ BCAA の特徴

　必須アミノ酸「EAA」のうち、**ロイシン・バリン・イソロイシン**の３種類のアミノ酸は側鎖（そくさ）が２つに分かれているため、「**分岐鎖アミ（ぶんきさ）ノ酸（BCAA：Branched-Chain Amino Acids）**」と呼ばれています。

　他のアミノ酸は主に肝臓で代謝されますが、**BCAAは主に骨格筋で代謝・利用されるため、骨格筋にとってとても重要なアミノ酸で**す。なかでもロイシンは、血中濃度と筋タンパク質合成速度に相関関係が認められていて[*17]、「1-4　筋肥大をうながすmTOR（エムトール）とは何か？」でご紹介したmTORを活性化させる作用があることもわかっているため[*18]、筋肥大を目指すトレーニーは積極的に摂取したいアミノ酸です。

■ BCAA の分子構造

Branched-Chain Amino Acids：分岐鎖アミノ酸

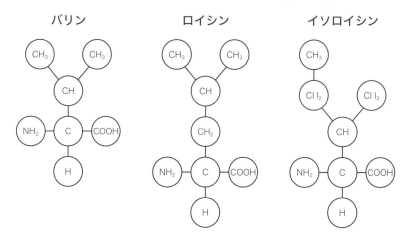

バリン　　　　　　　ロイシン　　　　　　イソロイシン

※出典：DNS ZONE HP「より高い次元へ BCAA」より作成
　　　https://www.dnszone.jp/nutrition_guide/4-2

🏋️ クレアチンの特徴

　筋肉を収縮させる際には、アデノシン三リン酸（ATP）からリン酸基が1つ離れ、アデノシン二リン酸（ADP）とリン酸基に分かれる際に放出されたエネルギーが利用されます。

　アデノシン二リン酸（ADP）にリン酸基を補充してアデノシン三リン酸（ATP）を再合成するために、筋トレなどの高強度の運動時で「クレアチンリン酸」がアデノシン二リン酸（ADP）にリン酸基を供給することでアデノシン三リン酸（ATP）を産生します[9]。

　クレアチンは、このクレアチンリン酸の構成成分であるため、筋トレに励むトレーニーは積極的に摂取しておきたいところです。

　クレアチンは、体内では肝臓や腎臓などで3種類のアミノ酸（グリシン、アルギニン、メチオニン）と3種類の酵素（グリシンアミジノトランスフェラーゼ、グアニジノアセテートメチルトランスフェラーゼ、メチオニンアデノシルトランスフェラーゼ）をもとに1日に約1gつくられており、食事からも肉類などから1日に約1g摂取され、95％が骨格筋で貯蔵されています[19]。

　クレアチンとクレアチンリン酸を合わせた総クレアチン量は、体重70kgの人で約120gと推定されており、毎日1〜2gのクレアチンが分解されます。

　体内には最大で総クレアチン量を160gまで貯蔵できると考えられているため、**クレアチンをサプリメントで摂取して体内の総クレアチン量を増やすことで、筋トレやスポーツ競技のパフォーマンスを向上できる**と考えられています[4]。

　筋トレでは、体内の総クレアチン量を増やしておくことで、**最大**

努力でバーベルを挙上できる回数を増やせる可能性が考えられます。たとえば、9レップ目でつぶれていたエクササイズでもう1〜2レップ挙上することができれば、その分筋肉に負荷をかけることができ、トレーニング効果を高めることができます。

　クレアチンは、除脂肪体重の増加において最も効果的な栄養補助食品[20]といわれています。

必須アミノ酸はどのタイミングで摂る？

　筋トレ中は体内のタンパク質も分解されてエネルギーとして利用されますので、**筋トレの前にEAAやBCAAなどを摂取しておけば、体内のタンパク質の分解を抑える効果が期待でき、筋トレで傷ついた筋肉の修復にも役立ちます。**

　必須アミノ酸の摂取は筋トレの前でもあとでも筋肥大に効果を及ぼしますが、**運動前に摂取したほうがより高い効果が期待できます**[21]。筋トレを始める15〜30分程度前にサプリメントで摂取し、筋トレが長時間に及ぶ場合はトレーニング中に追加摂取するのもよいでしょう。

POINT!

● 筋肥大を目指すトレーニーにとって、EAA・BCAA・クレアチンは積極的に摂りたいサプリメント

一般の「ダイエット」と
アスリートなどの
「減量」の違い

アスリートやボディビルダーの減量では期限がありますが、
一般の方のダイエットでは体重・体型の維持が大切です。

ダイエットや減量では「何を減らすか」が重要

　ダイエットや減量をする場合、よく「体重を何kg落とす」といっ
たことを目標にする場合がありますが、**何を減らして体重を落とす
のかが重要**です。

　一般の方のダイエットでもアスリートやボディビルダーの減量で
も、基本的に筋肉が減ることにメリットはありません。一般の方で
あれば、筋肉が減れば日常生活レベルの運動もつらくなり、見た目
もゆるんでボディラインは崩れ、基礎代謝量も落ちて太りやすい体
質になってしまいます。

　アスリートであれば発揮できる筋力が減ることにより競技力にマ
イナスの影響を及ぼし、筋肉の量と形を審査されるボディビルダー
なら筋肉が減ることは直接的にパフォーマンスを落とします。**筋肉**

量を極力減らさず、体脂肪を減らすことによって体重を落とすことが理想です。

🏋️ アスリートの減量の目的

　アスリートが減量を行う主な理由としては、格闘技などの体重別階級制競技で、普段の体重よりも減量して軽い階級に出場することにより、体格で不利な状況にならないようにするといったことが挙げられます。

　この場合、規定の体重まで落とさなければ試合に出場できませんので、まずは体重そのものを落とすことが目的となります。この場合でも、できるだけ筋肉量を維持して体脂肪を減らし、コンディションを落とさずに減量することが理想です。

　しかし、普段から練習やトレーニングで身体を動かしていて体脂肪量も少ないアスリートがそれ以上に減量するとなると、体脂肪を減らすだけでは間に合わず、軽量前に水抜きをして体重を減らす方法も取り入れられています。

　アスリートの場合は、計量にパスして試合に出場できれば減量は終了となりますので、減量には「期限」があります。

🏋️ ボディビルダーの減量の目的

　ボディビルダーが減量を行う目的としては、体脂肪を極限まで減らして鍛えた筋肉の輪郭を出すことが最も重要でしょう。

　ボディビルの大会にも体重別の階級があるので規定の体重まで落とすことはもちろん必要ですが、コンテストで筋肉の量や形を審査されるボディビルダーは、アスリート以上に筋肉量を減らさず体脂

肪だけを減らしていく必要があります。

　短期間に大幅な減量を行うと筋肉量も減らしてしまうリスクが大きいため、長い期間をかけて厳しい食事制限による減量を行います。コンテストが終了すると減量も終了となり、次のシーズンに向けて筋肉量を増やすための増量期に入ります。ボディビルダーの減量にも、アスリート同様「期限」があります。

一般の方のダイエットの目的

　一般の方がダイエットをする目的は、メタボリックシンドロームの予防・改善など健康のための場合や、美しい・カッコいい身体をつくるボディメイクなど見た目をよくする場合が考えられます。どちらの場合も、目標とする体重や体型を手に入れたら、その後も維持することが重要です。

　人間の身体には、ホメオスタシス（生体恒常性）といって、身体の状態を一定に保つ機能が備わっています。

　また、ダイエットで減らしたい体脂肪は飽食の時代といわれる現代では悪者扱いされがちですが、飢餓を生き抜くために余ったエネルギーをため込み必要なときに利用するという、人類が進化の過程で手に入れた機能があります。

　短期間で急に体脂肪が減ると、人間の身体は大事な貯蔵エネルギーである体脂肪がそれ以上減らないように代謝を落とし、食べたものを体脂肪として蓄えようとします。短期間で大幅に体重を落とすダイエットを行うと、このような機能により、ダイエットをやめた途端にリバウンドしてしまいます。

一般の方のダイエットでは、長い時間をかけてゆっくりと体脂肪を落としていくほうがリバウンドのリスクも低く、健康的です。

　リバウンドしにくいダイエットのペースとしては、3か月に体重の5%程度が推奨されます[*22]。目標の体重や体型に到達したら、それを維持することが大切ですので、一般の方のダイエットに「期限」はありません。

「増量期」と「減量期」における摂取エネルギーの例

体重60kgの男性での例（増量期：6か月で5kgの筋肉量増量、減量期：3か月で3kgの体脂肪減量）を紹介します。

体重 60kg の男性の例

　「3-4　筋肥大のためのエネルギー摂取」を基に、体重60kgの男性をモデルに摂取エネルギーの例を見てみましょう。

　筋肉のつきやすさは個人差が大きく、摂取エネルギーだけでなく、栄養摂取や睡眠の状況、筋トレ以外の身体活動の状況や身体的・精神的なストレスなど、様々な影響を受けます。計算通りいくものではありませんが、あくまで例として説明してみます。

　この男性が**増量期を6か月間とり、その期間に5kgの筋肉量増量**を狙った場合、下記のように摂取エネルギーを算出します。

　まず、身体活動レベルは筋肥大を目標とした高強度の筋トレをほぼ毎日行っていて身体をよく動かすと仮定し、「激しい（50）」とします。50kcal×体重60kg=3,000kcal。1日に3,000kcal摂取すれば今の体重を維持できる計算になります。

　これに、筋肉を成長させるためのエネルギーを足します。

- 除脂肪体重を1kg増やすためのエネルギー：約5,500kcal
- 増やしたい筋肉量（5kg）：5,500kcal × 5kg=27,500kcal
- 増量の期間：6か月（180日）
  →27,500kcal ÷ 180日=152.7kcal

1日に約150kcalのエネルギーをプラスで摂取すればよい計算になるので、3,150kcal摂取することになります（筋肉量が増えて体重が増えればその分必要な摂取エネルギーも増えます）。

今度は、増量期を終えて体重が65kgになったこの男性が、体脂肪を減らすために減量期に入るとしましょう。**体脂肪を3か月で3kg減らす場合、50kcal×体重65kg=3,250kcal。**1日に3,250kcal摂取すれば、今の体重を維持できる計算になります。

これから体脂肪を減らすために必要なエネルギーを引きます。

- 体脂肪を1kg減らすために差し引くエネルギー：約7,200kcal
- 減らしたい体脂肪量（3kg）：7,200kcal × 3kg=21,600kcal
- 減量の期間：3か月（90日）
  →21,600kcal ÷ 90日=240kcal

1日に約240kcalのエネルギーをマイナスすればよい計算になるので、約3,000kcal摂取することになります。

上記計算式をご自身に当てはめて、増量期・減量期の摂取エネルギー量を算出してみてください。

POINT!

- **計算式をもとに摂取エネルギー量を算出する**

減量期における
食事のポイントは?
～少量で満腹感を得られる工夫～

減量では、「糖質」と「脂質」の摂取量を抑えて摂取エネルギー
を減らしますが、「糖質」は減らし過ぎてもいけません。

🏋 減量期の PFC バランス

　筋トレをしながら行う減量では、筋肉量をできるだけ減らさずに
体脂肪を減らしていきたいところです。三大栄養素で主にエネルギ
ー源として利用される「糖質」と「脂質」の摂取量を抑えて摂取エ
ネルギーを減らしていきますが、**筋肉を動かすためのエネルギーに
なる「糖質」は減らし過ぎてもいけません。**

　また、エネルギー収支をマイナスにすれば体脂肪と一緒に筋肉量
も減りがちですので、筋肉量の減少を最小限に食いとどめるために
も、筋肉のもとになる「タンパク質」はしっかりと摂取する必要が
あります。

　健康的なダイエットを推奨する日本肥満予防健康協会の発行する
資格「肥満予防健康管理士資格講座」のテキストでは、日本人（成
人）の平均的なPFCバランスは、**タンパク質15%、脂質25%、糖**

質60%[*23]とされています。

肥満症の食事療法としては、**タンパク質を増やして脂質を減らし、タンパク質25%、脂質15%、糖質60%程度の配分**[*23]が勧められていますが、このPFCバランスは健康的に減量を行いたいトレーニーにも勧められます。

🏋 エネルギー密度を下げ、少量で満腹感を得られる食事

ある程度長い期間をかけて減量を行うには、空腹に耐えながらでは厳しくなりますので、できるだけ少量で満腹感を得られるような工夫が必要です。そこで、**食事のエネルギー密度を下げることが有効となります。**

エネルギー密度とは、**重量当たりのエネルギー量（kcal/g）**と定義され、1回の食事での満腹感を規定する重要な因子である[*24]とされています。

三大栄養素のなかで重量当たりのエネルギーが最も多い脂質（9kcal/g）を少なくして水分の多い食事、たとえば**低脂肪の食材を使った鍋**などを中心に、エネルギー密度の低い食事をうまく活用して、できるだけ**低エネルギーでも満腹感を得られる工夫**をして減量を成功させましょう。

🏋 体脂肪を増やさないための様々な工夫

余計なエネルギーを摂取しないためには、**調理方法を選ぶことも重要です。**炒め物や揚げ物は油（脂質）によりエネルギーが多くなりますので、**ゆでる・蒸す・煮る**といった調理方法を選択すると脂質の摂取を抑えられます。

体脂肪を増やさず、少量で満腹感を得る工夫

- 食事のエネルギー密度を下げる（低脂肪の食材を使った鍋など、脂質が少なく水分の多い食事を中心とする）

- 「ゆでる・蒸す・煮る」といった調理方法を選択する

- 糖質を多くふくむ主食は最後に食べるようにし、それ以外の野菜やスープ、肉や魚などのおかずを先に食べる

- 早食いをせずに、よくかんでゆっくり食べる

　また、糖質を摂取すると血糖値が上がり、インスリンが分泌されますが、**インスリンには脂肪を合成する作用があります。**

　そのため、血糖値の上昇をできるだけゆるやかにするため、**ご飯やパン、麺といった糖質を多量にふくむ主食は最後に食べるようにし、それ以外のおかず（野菜やスープ、肉や魚など）を先に食べるようにすることも有効です。**

　そのほか、少量の食事でも満腹感を得るために、**早食いせずにゆっくりと食べることも効果的です。** 早食いは満腹中枢が刺激される前に食べ過ぎてしまうリスクが大きいため、できるだけよくかんでゆっくり食事をすることで満腹中枢を刺激し、満腹感を得られる食べ方をしてみてください。

POINT!

- **少量の食事で満腹感を得るためには、食事のエネルギー密度を下げたり、調理方法の工夫をしたりすることが効果的**

筋肥大のための休息日、ケガを予防するコツ

筋トレの
休息日の目安は
どれぐらいがいいのか?

トレーニングの頻度が高すぎて回復が間に合わないと、オーバートレーニングに陥る可能性があります。

オーバートレーニングを避けよう

「1-1 筋肉はどうやって発達するのか?」で「筋肉トレーニングにより骨格筋に適切な負荷をかけ、傷ついた筋繊維に栄養と休養を与えると元より少し太く成長する」と説明しましたが、トレーニングの強度や量を増やすペースが早すぎたり、休息が足りなかったりすると、**オーバートレーニング**になる可能性があります。

オーバートレーニングとは、**トレーニングを過度に行った状態で、全身疲労を引き起こし、筋肉の成長が停滞**[*1]、**または減少**[*2]（プラトー状態）します。筋トレによるオーバートレーニングの徴候として、次ページ表のものが挙げられます。

「2-1 トレーニングの頻度はどのぐらいが効果的なのか?」で記しましたが、筋トレの効果を得るにはトレーニング頻度が重要で、休息日が長すぎると効果が見込めません。しかし、**頻度が高すぎて**

筋トレによるオーバートレーニングの徴候

筋力増加の減少とその後の停滞	長引くインフルエンザのような症状
睡眠障害	トレーニングプログラムへの関心の喪失
除脂肪量の減少 （食事制限をしていない場合）	情緒不安定
食欲減退	過度の筋肉痛
なかなか治らないカゼ	

※出典：『NSCAパーソナルトレーナーのための基礎知識 第2版』ジャレッド・W.コバーン、モー・H.マレク編、森谷敏夫 日本語版総監修、岡田純一 監修、NSCAジャパン、2013

回復が間に合わないと、オーバートレーニングに陥る可能性があります。休息日を何日にするかは、実施したトレーニングの強度・量や鍛えた部位、またトレーニング以外の身体活動や睡眠・食事の状況など多岐にわたる条件で回復具合が変わるため一概にはいえませんが、**一般的な目安として48時間が必要**といわれています[*2]。

　同じ部位を鍛えるトレーニングを週に数回実施する場合は、48時間を目安に休息日を設け、トレーニングで前回の負荷で同程度のレップ数を反復できなければもう少し休息日を長くし、十分に回復していてしっかり反復できるようであればその時の休息日数を用いるというように、ご自身に合った休息日数を探ってみるのもよいでしょう。

POINT!

● 休息日の一般的な目安は48時間が必要といわれている

筋肉痛がなくても
トレーニング効果は
出ているのか?

筋肉痛は3種類あり、ここでは運動後2〜3日してから発生する「遅発性筋肉痛」について見ていきます。

遅発性筋肉痛になる原因

運動で起こる筋肉痛は主に3種類あり、①運動中や運動直後に痛みや不快感が発生するもの、②運動後2〜3日してから発生する痛みや不快感(遅発性筋肉痛)、③筋肉が無意識に強烈に収縮し、数分間続くもの(筋痙攣)があります[3]。

今回は、トレーニーのみなさんが「筋肉痛」といって真っ先に思い浮かべるであろう「遅発性筋肉痛」について考えてみましょう。

遅発性筋肉痛(Delayed Onset Muscle Soreness: DOMS)になる原因については諸説あり、以前は筋肉のなかに蓄積した乳酸が原因だと考えられていました。しかし現在では、結合組織と筋組織が損傷して炎症が起き、痛覚受容器を刺激することが原因だと考えられています[1,4]。

🏋️ 遅発性筋肉痛になりやすい筋活動

　遅発性筋肉痛には、なりやすい筋活動となりにくい筋活動が存在します。「1-4　筋肥大をうながすmTOR（エムトール）とは何か？」でも記しましたが、筋肉の活動には主に短縮性筋活動・等尺性筋活動・伸張性筋活動があります。

　筋肥大目的の筋トレには「伸張性筋活動がmTORシグナルを増加させ筋肥大につながる」と説明しましたが、**遅発性筋肉痛が起こりやすい筋活動も伸張性筋活動**です。
　伸張性筋活動は、短縮性筋活動・等尺性筋活動と比べてより大きな張力発揮が可能で、張力発揮に関与する筋繊維（運動単位）の数が少なく、筋繊維1本あたりにかかる負荷が大きいため、遅発性筋肉痛が起こりやすいと考えられています[5]。

🏋️ 同じメニューでも筋肉痛になるときとならないとき

　同じトレーニングメニューをこなす際に、はじめてトレーニングを行ったとき、または一時中断して久しぶりに行ったときには激しい筋肉痛が起きても、継続するうちにあまり激しい筋肉痛が起こらなくなることは、トレーニーのみなさんなら経験されていると思います。
　定期的に継続していても、たまに違うエクササイズを行ったときに筋肉痛が起こることもよくあります。**遅発性筋肉痛は、不慣れな運動や久しぶりに行った運動で起こり**[5]、**定期的に継続すればそれほど大きな筋肉痛は起こらなくなります。**

🏋 筋肉痛とトレーニング効果

トレーニーのみなさんの間では、筋トレ後に起こる筋肉痛をトレーニング効果の目安と考えている方も多いと思います。筋肥大を目的とした筋トレでは、伸張性筋活動が有効で遅発性筋肉痛が起こりやすいことから考えても、筋肉痛がトレーニング効果のバロメーターのような気がしてきます。実際はどうなのでしょうか？

この点について遅発性筋肉痛と筋活動様式から考えると、**短縮性筋活動・等尺性筋活動では筋肥大が起こりますが、遅発性筋肉痛はほとんど起こりません**[5]。また、**主観的な筋肉痛の度合いと筋疲労には相関がない**という報告[6]もあります。

このことから、**遅発性筋肉痛が筋トレ効果のバロメーターであるとはいえない**と考えられます。

🏋 筋肉痛とは違う「痛み」がある場合の対応

遅発性筋肉痛は運動後数時間から1日程度で起こり、1〜3日後にピークに達したあと、5日〜1週間程度で自然に消失します[5]。

これと異なり、エクササイズ中に激しい痛みが起きたり、1週間以上経過しても痛みが治まらない場合は、痛みの出る動きは行わず、速やかに整形外科を受診しましょう。こうした痛みを我慢して筋トレを行うようなことがないようご注意ください。

POINT!

- 遅発性筋肉痛は、筋トレ効果のバロメーターとはいえない

ケガ予防・パフォーマンスアップのためのウォームアップ

ウォームアップの目的は、筋肉や身体全体の体温を上昇させ、ケガの予防や運動のパフォーマンスを上げることです。

ウォームアップの目的

ウォームアップは身体を動かす前に行なう準備運動であり、これにより**筋肉や身体全体の体温を上昇させ、ケガの予防や運動のパフォーマンスを上げること**が目的となります。

みなさんは、筋トレの前にウォームアップを行っているでしょうか？　やらないと必ずケガをするというものではありませんが、筋肉に血流を促し、筋肉の温度を上げ、柔軟性を上げた状態で行ったほうが、ケガのリスクは少なくて済みます。

ウォームアップで得られる好ましい影響としては、次ページのものが挙げられます。

ウォームアップで得られるよい影響

- 主働筋（エクササイズで主に働く筋肉）、拮抗筋（主働筋の反対の機能をもつ筋肉）の収縮、弛緩速度の増加

- 力の立ち上がり速度と反応時間の向上

- 筋力とパワーの向上

- 筋肉の粘性抵抗（筆者注：筋肉の伸びにくさ）を減らして伸縮しやすくする

- 酸素運搬能の向上

- 活動している筋肉への血流増加

- 代謝反応の活発化

※出典：NSCA決定版 ストレングストレーニング＆コンディショニング、Thomas R.Baechle, Roger W.Earle、ブックハウス・エイチディ、2010より作成

どんなウォームアップが最適？

ウォームアップというと、筋肉を伸ばした状態で一定時間静止する「**静的ストレッチ**」を思い浮かべる方もいると思います。

しかし、静的ストレッチでは体温上昇がほんの少ししか起こらず[*1]、静的ストレッチで筋活動が低下する可能性もある[*7]ため、筋トレの前に行なうウォームアップには適しません。

筋トレの前に行なうウォームアップでは、「**一般的ウォームアップ**」と「**専門的ウォームアップ**」が適しています。

一般的ウォームアップでは、ジョギングやサイクリングといった**全身の大きな筋肉を使った低強度の有酸素運動を用います。**5〜15

分ほど、軽く汗ばむ程度に体温が上昇するように行いましょう。

　専門的ウォームアップとしては、**実際に行なうエクササイズを低負荷で行います**。バーベルを用いたスクワットやベンチプレスであれば、まずはバーのみで主働筋の伸び縮みを感じながらフォームの練習を兼ねて行い、メインセットを行うまでに段階的に重量を足していきます。

　あまりウォームアップを長くやりすぎて、メインセットで疲れて挙上回数が減ってしまってはいけませんので、ほどほどに行ってください。

POINT!

- ●筋トレの前に行うウォームアップとしては、一般的ウォームアップと専門的ウォームアップが適している

オフの日の食事の
ポイントは?
～エネルギー摂取量とタンパク質～

筋トレでの消費エネルギーを算出し、オフの日に減らす摂取
エネルギーを算出してみましょう。

🏋️ オフの日のエネルギー摂取量

筋トレを行わないオフの日は、筋トレで消費する分のエネルギー
を引いておかないと、その分余計なエネルギーを摂取することにな
り、体脂肪を増やしてしまいます。

体脂肪もふくめて体重増加したいアスリート（重量級・無差別級
で闘う格闘技選手など）であれば問題ありませんが、体脂肪をでき
るだけ増やしたくないアスリートや、脂肪が少なく筋肉が多い身体
を目指して筋トレに励んでいるトレーニーの方であれば、増量期で
あってもムダに体脂肪を増やしたくないでしょう。

ですが、筋トレでどれくらいのエネルギーを消費しているかはな
かなかわからないと思います。そこで、行った運動が安静時の何倍
の強度かを示す「**代謝当量（METs）**」を用いてエネルギー代謝率を
求め、エネルギー消費量を推定する方法をご紹介します。

まず、高強度のウェイトトレーニングは安静時の6倍の強度で

「6METs」*1になります。体重80kgのトレーニーが1時間ウェイトトレーニングを行った場合、下記になります。

エネルギー代謝率（RMR）=1.2×（6METs-1）=6kcal/kg/時

続いて、「エネルギー代謝率×運動時間（時）×体重（kg）」でエネルギー消費量を算出すると下記になります。

エネルギー消費量(kcal)=6kcal/kg/時×1時間×80kg=480kcal

このように筋トレでの消費エネルギーを算出して、オフの日に減らす摂取エネルギーを算出してみてください。筋トレで主に利用されるエネルギー基質は糖質になるので、**算出したエネルギー分の糖質を食事から減らすとよいでしょう。**

🏋 タンパク質の摂取

筋トレ後の数日は傷ついた筋肉を修復している期間なので、筋肉のもとになるタンパク質はしっかり摂取しましょう。特に筋肉量が多いトレーニーの場合は、現状の筋肉量を維持するためにもタンパク質をしっかり摂取することが大切です。

「3-1　栄養の基本である『PFCバランス』を押さえよう」で記した通り、筋肉を大きくするために筋トレに励んでいるみなさんは、1日に体重1kgあたり1.2～2.0gのタンパク質を摂取してください。

POINT!

● **オフの日に減らす摂取エネルギー分は糖質から減らす**

オフの日は
運動してもいい?
～筋肉痛がある場合の運動～

ウォーキングやサイクリングなどの有酸素運動は、筋肉痛の
際にも痛くない範囲で行って問題ありません。

筋肉痛があるときに運動してもいい?

「筋肉痛が残っているときにも何かしらの運動をしたい!」とい
う、常に身体を動かさなければ気が済まないトレーニーの方もいる
と思います。アスリートであれば、筋トレの筋肉痛が残っていても、
競技の練習を休むわけにはいかないこともあるでしょう。

そういった場合、筋肉痛が残っているときの運動は、筋肉にどの
ような影響を及ぼすのでしょうか?

意外かもしれませんが、遅発性筋肉痛を引き起こしやすい**伸張性
筋活動は、遅発性筋肉痛のときに行うと、これを和らげる効果があ
る**のです[8]。大抵のスポーツ動作には伸張性筋活動もふくまれ
ますが、脚などがバキバキに筋肉痛で歩行困難な状態にもかかわら
ず、競技の練習に参加したところ、練習後には筋肉痛が軽く感じた経験
があるアスリートの方もいるかもしれません。

オフの日の運動

　筋肉痛が痛くて動きたくない場合はもちろん安静にしてもらって結構ですし、まだエクササイズテクニックを習得できていない初心者の方が、「負荷をかけずにエクササイズの練習をしたい！」という場合は、やっていただいて問題ありません。

　また、アスリートの方であれば、よっぽど痛みが強くない限り、競技の練習に参加しても問題ないでしょう。ウォーキングやサイクリング、スイミングなどの有酸素運動も体脂肪燃焼や健康のために有益ですので、筋肉痛の際にも痛くない範囲で行って構いません。

POINT!

- 遅発性筋肉痛のときに伸張性筋活動を行うと、筋肉痛を和らげる効果がある

お酒は飲んでも
いいのか?
～アルコールと筋合成の関係～

アルコールを摂取し過ぎると、テストステロンを抑制すると
いう報告があります。

アルコールとテストステロン

筋トレに励むみなさんのなかには、お酒好きの方やそんなにお酒
好きではなくてもお付き合いで飲む機会がある方も多いと思いま
す。そんなトレーニーのみなさんのために、アルコールが筋肉にど
のような影響を及ぼすのかを見てみましょう。

「1-1　筋肉はどうやって発達するのか?」でも説明した通り、筋
肥大にはホルモンが深く関わっており、「タンパク同化ホルモン」と
いわれるホルモンの1つに「テストステロン」があります。

テストステロンは、男性ホルモンの一種で主に精巣から分泌され、
**筋肉に適切な負荷をかけるとテストステロンの活動は増大し、タン
パク質の合成を高め、分解を抑制することで同化を促進します。**ア
ルコールは、このテストステロンの作用に影響を及ぼします。

アルコールの継続的な摂取はテストステロンの合成量を慢性的に

低下させる可能性があり、テストステロン量の低下は、アルコール依存症の男性で起こる筋委縮の原因の1つであるという説があります[9]。

　摂取するアルコールの量によっても影響の大きさは異なります。体重1kgあたり1g以下のアルコール摂取ではテストステロンに及ぼす影響は大きくありませんが、体重1kgあたり1gを超えるとテストステロンを抑制するという報告[9]があります。

　筋肥大とアルコールの関係についてはまだまだ研究が進んでいない状況ですが、筋トレ直後の飲酒、特にガブ飲みは、テストステロンによる筋肥大応答を阻害する可能性がある[9]ということですので、ご注意ください。

POINT!

● アルコールを継続的に摂取すると、テストステロンの合成量を慢性的に低下させる可能性がある

筋トレによって
腱も強くなるのか?
〜腱のスティフネス〜

腱のスティフネス（伸びにくさ）は、筋トレによって高まることがわかっています。

🏋 腱とは？

腱は骨格筋と骨をつないでいる結合組織で、主に線維性コラーゲンの束で構成されています。構造にふくまれる細胞が少ないために血液や酸素、栄養素をあまり多く必要とせず、そのため血管が少なくなっており、障害を負った場合は回復に時間がかかります[*1]。

骨格筋が収縮した力が腱に伝わり、骨を引っ張って関節を回転させることで動作が起こるため、日常生活動作でもスポーツ競技でも、人間が力を発揮するうえで重要な役割を果たしています。

🏋 腱障害の特徴は？

腱に繰り返し大きな負荷が加わると、腱障害が起きる可能性があります。バスケットボールやバレーボールなどの競技では膝蓋腱障害が、マラソンなどの長距離走ではアキレス腱障害が多く発生して

います[*10]。過度の負荷は腱障害のリスクを高めますが、負荷がかからない状態が続くと腱は弱くなります[*10]。

腱のスティフネス（伸びにくさ）が高ければより速く力を伝達できるため、多くのアスリートにとって有益です。しかし、あまりにスティフネスが高すぎると骨の傷害リスクが高まり、逆にスティフネスが低いと腱の傷害リスクが高まります[*10]。

筋トレで腱のスティフネスは高まるのか？

筋トレによって、腱のスティフネスが高まることがわかっています。

初心者の方であれば、6〜10レップで3〜5セットのボリュームで腱のスティフネスが高まる可能性があり、これはちょうど筋肥大を目標にしたトレーニング内容と重なります。

上級者の方の場合は、2〜3レップで3〜5セットのボリュームが必要であると考えられています。

その他の方法としては、伸張性トレーニングや、長めのアイソメトリックトレーニング（70％以上の力で20〜45秒程度を5セット）も有効[*10]とされています。

POINT!

● 初心者は6〜10レップで3〜5セットのボリュームで、上級者は2〜3レップで3〜5セットのボリュームによって、腱のスティフネスが高まる

有酸素運動をやる
タイミング
～筋トレ前後のどちらがいい?～

ウォーキングなどの有酸素運動は、行うタイミングによって
異なる効果があります。

有酸素運動とはどんな運動?

　ウォーキングやジョギング、スイミング、サイクリングなどの有
酸素運動は、体内の糖や脂肪が酸素とともにエネルギーをつくり出
す運動です。

　前述のように、運動強度が低いとエネルギー基質として「脂肪」
が利用される割合が高く、運動強度が高くなるにつれてエネルギー
基質として「糖質」が利用される割合が高まります。

筋トレの前に行なう有酸素運動の効果

　有酸素運動を行うと、身体が温まり、汗をかきます。「4-3　ケガ
予防・パフォーマンスアップのためのウォームアップ」でも説明し
ましたが、筋トレを行う前に筋肉や身体全体の体温を上昇させるこ
とは、ケガの予防や運動のパフォーマンスを上げることにつながり

ます。筋トレを行う前の有酸素運動は、ウォームアップに適しているのです。

　どのくらい行うのがよいのかというと、**身体が温まって軽く汗ばむ程度で十分です**。筋トレの前に、長時間走ったりとあまりにがんばり過ぎると、そこで疲労してしまって本番の筋トレのパフォーマンスに悪影響を及ぼしかねません。

　気温によっても適切な時間は変わりますが、5〜15分程度、隣に人がいたら会話しながら動ける程度のペースで、疲れない程度に行ないましょう。

🏋️🏋️ 筋トレのあとに行なう有酸素運動の効果

　筋トレなどの高強度運動ではエネルギー基質として主に糖が使われますが、糖を使うと体内に「乳酸」が産生されます。

　疲労の指標として血液中の乳酸の濃度（血中乳酸濃度）が用いられることも多いですが、**高強度運動後に行う低強度の有酸素運動は、安静にして休む場合やスポーツマッサージを受ける場合と比べて血中乳酸濃度を下げる効果があること**がわかっています[*11]ので、**疲労回復に効果的**だと考えられます。筋トレのあとに行う低強度の有酸素運動は、クールダウンに適しています。

　また低強度の有酸素運動は、エネルギー基質として脂肪を利用することが可能ですので、**体脂肪を減少させる効果が期待できます**。

　筋トレのあとに行なう場合は、筋トレにより分泌された成長ホルモンが、脂肪細胞のなかに貯蔵されている中性脂肪を「遊離脂肪酸」と「グリセロール」という形に分解する作用をもっており、これに

より有酸素運動によってエネルギーとして利用されやすい状態になります。

　筋トレのあとに行う低強度の有酸素運動は、体脂肪燃焼に効果的です。しかし、有酸素運動は筋肉量減少のリスクもあります[*12]ので、筋肉量を増やす時期にはあまりおススメできません。

POINT!

● 筋トレの前の有酸素運動はケガの予防や運動のパフォーマンスを上げることにつながり、筋トレのあとの有酸素運動はクールダウンに適し、体脂肪を減少させる効果がある

筋トレの
ステップアップのための
知識

自主トレーニングで効果が出ないときに確認すること

自主トレで効果が出ないと思ったときには、下記の6つのポイントを意識して実施してみましょう。

目的に合ったエクササイズとフォームか？

筋トレを行う目的はさまざまです。「特異性の原理」に基づき、**自分の目的を達成するために適したエクササイズを選定し、目的に合ったフォームで行わなければ期待した効果は得られません。**

エクササイズの選定では、ヒップアップしたいのにベンチプレスをいくらがんばっても、上がったお尻は手に入らないでしょう。

フォームでいえば、大胸筋を鍛える目的でベンチプレスを行う際に、手幅が狭いと大胸筋よりも上腕三頭筋に主に効いてしまうでしょう。適切な手幅でベンチプレスを行っていても、バーを下ろす際に力を抜いてバーが胸に触れた際にバウンドさせたりすると、下ろすとき（ネガティブ）の負荷が抜けて効果が落ちますし、胸の筋肉が急に引き伸ばされるため危険です。

このように、目的に合ったエクササイズを選定し、目的に合った

フォームで実施することが大切です。

💪 可動域をフルに使っているか？

　筋トレの負荷は「**挙上重量×移動距離**」で決まります。基本的に、**エクササイズは可動域をフルに使って動かすことで、トレーニング効果が上がります**。あえて可動域を制限して行う場合もありますが、初心者の方は、まずは可動域をフルに使ってエクササイズを行いましょう。

　たとえば、ベンチプレスではひじを伸ばしてバーを支持した位置からバーが胸に触れる位置まで下ろしますが、初心者ではこの可動域の半分程度のところまで下ろして挙上してしまっている方をよく見かけます。大胸筋は胸骨から肩にかけてついているため肩関節を動かさなければ大胸筋への刺激はあまり入りません。主働筋の伸び縮みを感じながら、可動域をフルに使って行いましょう。

💪 筋肥大に適切な負荷設定ができているか？

　「1-10 『自重トレーニング』だけでも筋肥大はできるのか？」でも記しましたが、筋肥大に応じた負荷は、その人が**1回だけ挙上できる負荷の67〜85％（初心者は67〜80％推奨）**となります。

　レップ数（反復回数）でいえば、**最大努力で6〜12レップ（初心者は8〜12レップ推奨）**反復できる負荷が適切となります。たとえば、20レップ以上できる低負荷で行っている場合は、10レップ程度で限界を迎えられる負荷に上げてみましょう。

🏋 限界努力で反復できているか？

　上記のように、筋肥大目的での筋トレでは、最大努力で6～12レップ（初心者は8～12レップ推奨）反復できる負荷が適切です。

　では、たとえば10レップ挙上できる負荷で各エクササイズを行ってもなかなか筋肉が発達しない場合、10レップがやっと反復できる負荷で実施できているでしょうか？

　初心者の方にありがちですが、本当はあと数レップ反復できるのに、10レップ挙げたことに満足してセットを終えてしまっていたら、とてももったいないことです。それでは、筋肉に十分な刺激が入っていません。10レップ反復してもまだ余裕がある方は、**10レップを挙げたときに「11レップ目は挙がらない！」と感じられる負荷に高めてみましょう。**

🏋 適切な頻度で継続できているか？

　「2-1　トレーニングの頻度はどのぐらいが効果的なのか？」でも記しましたが、筋トレで効果を得るには**適切な頻度で継続する必要があります。**この「適切な頻度」はトレーニングの習熟度やトレーニング以外の身体活動状況、行う部位、全身トレーニングかスプリットルーティンかなどによって変わりますが、ご自身に合った適切な頻度を見つけて、定期的に継続してください。

🏋 栄養・休養はしっかりとれているか？

　筋トレを適切に行っていても、**栄養・休養がおろそか**になっていてはトレーニング効果を最大限に高めることはできません。栄養については「第3章　筋肥大のための栄養摂取のポイントは？」、休

養については「1-8　トレーニング、食事、睡眠のバランスを意識しよう」を参考に、栄養・休養もしっかりとりましょう。

■ 自主トレで効果が出ないときに確認すること

- 目的に合ったエクササイズとフォームでできているか？
- 可動域をフルに使っているか？
- 筋肥大に適切な負荷設定ができているか？
- 限界努力で反復できているか？
- 適切な頻度で継続できているか？
- 栄養・休養はしっかりとれているか？

POINT!

- 自主トレの効果が出ないときには、エクササイズの選定とフォーム、可動域、負荷設定などを振り返ってみる

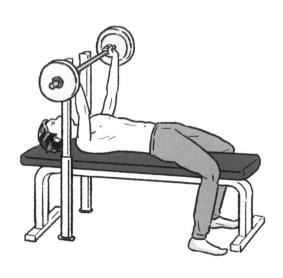

筋肉が発達しない
停滞期を抜け出すコツ
〜重量がアップしないのはなぜ?〜

ここでは、筋トレの停滞期（プラトー）を乗り越えるための2つのポイントを説明します。

筋肉量を増やす前の準備段階

「1-3　筋力は『神経系』から発達する」でも書きましたが、筋トレを始めたばかりのころは、見た目にわかるほど筋肉量が増えなくても神経系の適応により筋力が向上し、同じエクササイズでも反復できる回数や挙上重量がどんどん伸びる時期です。この時期を過ぎると、今までのようなペースでは伸びなくなります。

そうすると、今までは面白いように成長していたのがパタッと止まってしまうことで、やる気を失ってしまう方もいると思います。

しかし、**この初期の期間を終えてからがようやく筋肉量が増えていく時期です。**反復回数や挙上重量が伸びなくなったら、「筋肉量を増やすための準備が完了した！」と前向きにとらえて、引き続き筋トレを継続しましょう。

🏋️ 筋力向上に合わせた負荷の向上

「2-2　トレーニング内容をメモするのはなぜ大切なのか？」でも
説明した通り、トレーニングの5原則の1つに「漸進性の原則」が
あり、**筋トレの効果を得るには、体力の向上に従って負荷も徐々に
（漸進的に）上げていく必要があります。**

　筋肥大を目指して最大努力で10レップ挙上できる重量でエクサ
サイズを行っていても、10レップという回数にとらわれてしまい、
もうあと1〜2レップ挙上できるのに10レップでセットを終えてし
まっていては、それ以上の成長は見込めません。

　毎回のトレーニングでは反復回数を決めずに「今日は何レップ挙
上できるか」と常にチャレンジする気持ちで行い、つぶれる手前
「次のレップは反復できない」と感じるところまで続け、目標のレッ
プ数（たとえば10レップ）以上挙がるようになったら、10レップし
か挙げられない重量に上げてみましょう。

🏋️ エクササイズの負荷に変化をつける

　毎回の筋トレで適切なフォーム・可動域・負荷・量・頻度で継続
していても、ある程度筋肉量が増えてきた中・上級者の方は、**初心
者のときと比べてトレーナビリティ（筋トレの効果で成長できる可
能性）が低下し、成長スピードが低下します。**
　また、同じメニューで長期間継続しているとその刺激に身体が慣
れてしまい、成長が感じられなくなってしまいます。

　長期間継続しても挙上重量・挙上回数が伸びなくなった場合は、

どうしたらよいでしょうか?

　そのようなときは、**エクササイズプログラムに変化をつけましょう**。フォーム・可動域・頻度が適切な場合、漸進性の原則にのっとり負荷を上げたり量を増やしたりすることで、プラトー（停滞期）を打破しましょう。

POINT!

- 筋トレで停滞期に入った場合には、筋力向上に合わせて負荷を徐々に向上させたり、エクササイズのプログラムに変化をつけるなどの工夫をする

同じ部位の
エクササイズを
多様化してみよう

ここでは、同じ部位のエクササイズを多様化するためのポイントを説明します。

スプリットルーティンを取り入れる

　筋トレを始めたばかりの初心者のうちは、1部位1種類のエクササイズだけでも効果があり、週に1回しか筋トレできない方が全身をバランスよく鍛えようとすれば、1回のトレーニングで全身のエクササイズを行う必要があります。そのため、1部位あたり複数のエクササイズをするのは時間的にも体力的にも厳しく、1部位1種類のエクササイズになることが多いと思います。

　ここからさらにトレーニング効果を上げるためにトレーニング頻度を高める場合、たとえば週に2〜3回トレーニングするのであれば、毎回同じように全身のエクササイズを1部位1種目で行ってもよいです。しかし、トレーニングのマンネリ化を防いだり、筋肉痛を我慢して同じエクササイズを行うことを防ぐ意味で、「2-1　トレーニングの頻度はどのぐらいが効果的なのか？」でご紹介した**スプ**

リットルーティンを取り入れることをおススメします。

　スプリットルーティンは、**1回のトレーニングで鍛える部位を限定するルーティン**です。スプリットルーティンを用いることによって、**トレーニング頻度を高めても回復時間を確保することが可能に**なります。また、1回のトレーニングで鍛える部位を限定することで、**複数のエクササイズを実施することができます**。

🏋️ コンパウンド種目とアイソレーション種目

　スプリットルーティンであれば、**コンパウンド種目とアイソレーション種目を組み合わせる**こともオススメです。

　たとえば胸の場合、コンパウンド種目であるベンチプレスでは大胸筋や上腕三頭筋を同時に鍛えることができ、その分高重量が扱えるため高い負荷をかけられます。

　しかし、上腕三頭筋が弱い方は、大胸筋はまだ続けられるのに上腕三頭筋が疲労困憊で続けられないといったことが起き得ます。こんなときは、ベンチプレスのあとに胸のアイソレーション種目であるダンベルフライを取り入れることで、上腕三頭筋を疲労させずに大胸筋だけに刺激を入れて追い込むことが可能です。

🏋️ 刺激を入れる角度を変える

　同じ部位といっても、**動かす角度を変えることで刺激を入れる場所を変える**ことができます。

　たとえば胸の場合、フラットベンチで行うベンチプレスに加えてインクラインベンチプレスを行えば大胸筋上部に、デクラインベンチプレスを行えば大胸筋下部に刺激を入れることが可能です。様々な角度から大胸筋に刺激を入れることで、より立体的な胸の形をつ

くることができます。

同じ部位に違った刺激を入れる

　同じ部位を鍛えるために複数のエクササイズを実施することによって、筋肉に与える刺激を変えることができます。

　たとえば胸の場合、ダンベルフライは大胸筋をネガティブでストレッチさせながら効かせるのに適していますが、トップポジション（ダンベルを挙げ切ったところ）では負荷が抜けてしまいます。

　そこでダンベルフライのあとに、トップポジションでも負荷が抜けないマシンチェストフライやケーブルクロスオーバーを行えば、ダンベルフライでは負荷が抜けてしまうトップポジションまで負荷をかけることが可能です。

片側性エクササイズで弱い側を重点的に鍛える

　両側性エクササイズで高重量を扱い負荷をかけたあと、片側性エクササイズで左右別々に動かすことにより、弱い側にもしっかり負荷をかけることができます。

　たとえば、両側性エクササイズであるベンチプレスのセットの後半に弱い非利き腕が先に疲労してきたときは、利き腕がんばることで1本につながっているバーベルを挙げることができます。

　しかし、片腕で行う片側性エクササイズのワンハンドダンベルプレスを行った場合には、非利き腕が疲労しても利き腕が非利き腕を助けることはできません。

　これを利用して、ワンハンドダンベルプレスでは弱い側を重点的に鍛えることが可能です。たとえば、両腕で同じ重量を用いて非利

き腕から先に行い、最大努力で反復できた回数を利き腕でも行います。利き腕ではもっと多くの回数ができると思いますが、非利き腕と同じ回数で終了して構いません。こうすることで、弱い側（非利き腕）と強い側（利き腕）の筋力差を近づけることが可能です。

■同じ部位のエクササイズを多様化する

- スプリットルーティンを取り入れる
- コンパウンド種目とアイソレーション種目を組み合わせる
- 刺激を入れる角度を変える
- 同じ部位に違った刺激を入れる
- 片側性エクササイズで弱い側を重点的に鍛える

POINT!

- 同じ部位のエクササイズでも様々な工夫を行うことによって、トレーニング効果を上げられる

加圧（血流制限） トレーニングの 効果とは？

加圧トレーニングにはメリットがありますが、リスクやデメリットもあります。

加圧（血流制限）トレーニングのメカニズム

　一昔前に流行した「加圧（血流制限）トレーニング」（以下、加圧トレーニング）を覚えている方も多いと思います。加圧トレーニングとは、**腕の付け根や脚の付け根に専用のベルトを巻いて加圧することで血流を制限しながら行うトレーニング方法**です。

　加圧により血流を制限した状態でエクササイズを行うことで、**成長ホルモンが大量に分泌されること**[*1]や、**血流制限によって遅筋繊維が早く疲労するため速筋繊維を低強度のエクササイズで動員することができること**[*1]（通常であれば最初に遅筋繊維〔発揮できる力は小さいが長時間力を発揮し続けられる、速筋繊維より肥大しにくい〕が動員され、運動強度が上がって遅筋繊維では対応できなくなったときに速筋繊維〔発揮できる力は大きいが持久性に乏しい、肥大しやすい〕が動員されるため、筋肥大しやすい速筋繊維を刺激す

るには高い強度が必要）で、**低強度でも筋肥大に効果を発揮すると**
されています。

加圧なしの低強度トレーニングとの比較

　加圧トレーニングと同程度の低強度で行う加圧なしのトレーニングを比較すると、トレーニング効果はどちらが高いのでしょうか？

　下半身のエクササイズを用いて加圧（血流制限）ありの低強度トレーニングと加圧（血流制限）なしの低強度トレーニングの効果（筋力・筋肥大）を調べた複数の論文をレビューした系統的レビュー論文[2]によると、**筋力・筋肥大ともに加圧（血流制限）ありの低強**
度トレーニングのほうが効果が高かったと報告されています。

加圧なしの高強度トレーニングとの比較

　次に、加圧トレーニングと加圧なしの高強度トレーニングを比べると、トレーニング効果はどちらが高いのでしょうか？

　加圧（血流制限）ありの低強度トレーニングと加圧（血流制限）なしの高強度トレーニングの効果（筋力・筋肥大）を調べた複数の論文をレビューした系統的レビュー論文[3]によると、**「筋力」は加**
圧（血流制限）なしの高強度トレーニングのほうが効果が高く、「筋
肥大」については加圧（血流制限）ありの低強度トレーニングと加
圧（血流制限）なしの高強度トレーニングで同様の効果が得られた
と報告されています。

🏋 加圧トレーニングのリスク

　加圧トレーニングは通常の筋トレと違い、腕や脚の付け根に専用のベルトを巻いて加圧することで血流を制限するという特殊な方法であるため、通常の筋トレとは異なったリスクが存在します。

　日本国内の加圧トレーニング施設での有害事象を調査した論文[*4]によると、当時加圧トレーニングを導入していた195施設にアンケートを郵送し、そのうちの105施設から回答が得られ、副作用の発現割合は、皮下出血（13.1％）、しびれ（1.297％）、脳貧血（0.277％）、冷え性（0.127％）、静脈血栓（0.055％）、肺塞栓症（0.008％）、横紋筋融解症（0.008％）、虚血性心疾患の悪化（0.016％）、その他、まれに失神や低血糖が報告されています。

　また、主観的運動強度（運動している本人が感じる疲労度）が同等の加圧時と非加圧時の運動に対する循環反応を調査することで生体への負担度を検討した研究[*5]では、加圧しての運動は血流阻害が著しく主観的運動強度を増加させた（きつくなった）こと、主観的運動強度が同等の場合でも加圧時で循環器系への負担が大きいことが報告されています。

🏋 加圧トレーニングのデメリット

　加圧トレーニングは腕や脚の付け根を加圧して血流を制限する方法であるため、**血流制限した腕や脚には効果が見込めますが、腕・脚の付け根への加圧（血流制限）による体幹部の筋肉への直接的な効果は見込めないと考えられます**[*6]。

また、加圧トレーニングは特殊な方法であり、上記のようなリスクもあることから、**加圧トレーニング専門の資格と知識・経験をもった指導者の指導のもと行うことをおススメします。**

加圧ベルトを購入して自主トレすることもできますが、圧の調整や加圧時間、ベルトを巻く位置などで効果や安全性が変わりますので、自分で行うトレーニングにはあまり向いていないでしょう。

加圧トレーニングとウェイトトレーニングの比較

筋肥大目的でトレーニングを行う場合においても、筋力が高まればその分高重量を扱えるようになり、筋肥大にも有益です。

筋力向上には高強度トレーニングのほうが効果が高い[*3]ことから、筋肥大目的のトレーニーにも**高強度トレーニングのほうがメリットが大きいでしょう。**

ウェイトトレーニングは扱う重さを変えることで強度を自在に調整できますので、筋肥大を目指すなら、**基本的にはウェイトトレーニングを高強度で行うことをおススメします。**

腕や脚のトレーニングを筋肥大目的で行うのであれば、加圧トレーニングも有効です。ウェイトトレーニングの機材が揃っていない施設での実施や、関節への負担を極力抑えながら行いたい場合は、加圧トレーニングは有効な方法の1つとなるでしょう。

POINT!

● 基本的には高強度のウェイトトレーニングがおススメだが、腕や脚の筋肥大目的であれば加圧トレーニングも有効

スロートレーニングには
どのような効果が
あるのか?

ここでは、加圧トレーニングのメカニズムを応用して発案された スロートレーニングのメリット・デメリットを紹介します。

スロートレーニングの特徴は?

前項で説明した「加圧トレーニング」は、低強度でも筋肥大に効果を発揮するとされています。この加圧トレーニングのメカニズムを応用して発案されたトレーニング方法が「**スロートレーニング**」です[*7]。

スロートレーニングは、ゆっくりとしたペースでエクササイズを行うことで、筋肉が力を発揮して膨張している時間が長くなり、膨張した筋肉が血管を圧迫する時間が長くなることによって血流が制限され、加圧トレーニングのように筋肥大に効果を発揮するトレーニング方法です。

レッグエクステンションを用いて高強度トレーニング（1RMの70％の負荷）とスロートレーニング（1RMの40％の負荷で4秒の動作と6秒の動作）の筋活動を分析した論文では、大腿部の筋膨張

率では高強度トレーニングとスロートレーニング（6秒）の間に有意差は確認されず、また高強度トレーニングとスロートレーニングで速筋繊維の活動割合にも有意差は確認されなかったと報告されています[8]。

このことからスロートレーニングは、**低強度であっても筋肥大に効果的なトレーニング方法である**と考えられます。

スロートレーニングの効果的な実施方法

スロートレーニングでは、エクササイズをゆっくりとしたスローペースで行います。**一般的には下降・挙上にそれぞれ3〜5秒かけ、関節を伸ばし切らない「ノンロック」と組み合わせて行います**[9]。

たとえばスクワットを行う場合、立った状態から3〜5秒かけて深くしゃがみ、また3〜5秒かけて立ち、股関節と膝関節を伸ばし切らないところからまた3〜5秒かけてしゃがみます。

つらくなってくると、立ち上がったところで股関節・膝関節を伸ばし切って休みたくなりますが、スロートレーニングの効果を最大限得るためには、ここで関節を伸ばし切って休んではいけません。

スロートレーニングのメリット

スロートレーニングは、加圧トレーニングのように特別な道具を必要とせず、バーベルなどのウェイトトレーニングの機材が揃っていない自宅などでも実施できるため、自宅で行うトレーニング方法としてはとても有効です。

また、加圧トレーニングでは血流制限での直接的な効果を得にくい**体幹部にも、スロートレーニングであれば効果を得られる**と考えられます。実際に高い負荷をかけなくても筋肥大の効果を得られる

ため、ケガのリスクを抑えられることも、スロートレーニングのメリットといえるでしょう。

スロートレーニングのデメリット

　スクワットを用いて筋力向上を目的とした高強度トレーニング（5RM［87% 1RM］で5セット）と筋肥大を目的としたスロートレーニング（1～3セットは8RM、10RM、12RM、4～6セットは10RM、12RM、15RM、運動速度は下降・挙上ともに5秒）を比較した論文[10]では、「**筋肥大**」では**スロートレーニングのほうが効果が高かったものの、「筋力」の場合は低速ではスロートレーニング、高速では高強度トレーニングのほうが効果が高かった**と報告されています。

　低速で行うスロートレーニングが高速での筋力発揮を高めるのに適していないことは、特異性の原理で考えれば当然です。高速での筋力向上が必要なアスリートは、高強度でのウェイトトレーニングを実施したほうがメリットが多いと考えられます。

　また、低速で行うスロートレーニングは動作の反復に時間がかかります。その日行うすべての種目をスロートレーニングで実施すれば、トレーニング時間が長くなってしまいますし、トレーニングに費やせる時間が限られている場合は、実施できる種目やセット数が少なくなってしまいます。

POINT!

● スロートレーニングには、加圧トレーニングで効果を得にくい体幹部にも効果があるなどのメリットがある

トレーニング動作の際の
呼吸のしかたの
ポイントは?

エクササイズ動作は短縮性局面と伸張性局面に分けられ、短
縮性局面で息を吐き、伸張性局面で息を吸います。

基本的な呼吸のしかた

どのエクササイズも基本的な呼吸のしかたは共通しています。エ
クササイズの動作の局面は、**短縮性局面**（エクササイズの主働筋が
短縮して筋力を発揮する局面）と**伸張性局面**（エクササイズの拮抗
筋が短縮することで主働筋は伸張している局面）に分けられますが、
短縮性局面で息を吐き、伸張性局面で息を吸います[11]。

短縮性局面をわかりやすくいうと、負荷に抵抗して身体やバーベ
ルなどを挙上しているときで、もっと簡単にいえば、きついと感じ
るときです。**力を発揮する短縮性局面で息を吐くことによって、体
幹部が固定され、腕や脚に力を伝達しやすくなります**。

🏋 エクササイズに当てはめると…

上記の呼吸法をスクワットに当てはめると、しゃがむときが「伸張性局面」で、立ち上がるときが「短縮性局面」です。**しゃがむときに息を吸い、立ち上がるときに息を吐きましょう。**

ベンチプレスに当てはめると、バーベルを胸に向かって下ろすときが「伸張性局面」で、バーベルを持ち上げるときが「短縮性局面」です。**バーベルを下ろすときに息を吸い、持ち上げるときに息を吐きましょう。**

デッドリフト（床引き）に当てはめると、床からバーベルを引き上げるときが「短縮性局面」で、床にバーベルを下ろすときが「伸張性局面」です。**バーベルを引き上げるときに息を吐き、下ろすときに息を吸いましょう。**

🏋 バルサルバ法とは？

上記で説明した基本的な呼吸法では息を止めずに行いますが、高重量を扱う場合などでは特殊な呼吸法を用います。それが「**バルサルバ法**」です。

バルサルバ法は、基本的な呼吸法と組み合わせて行います。「伸張性局面」で息を吸い、身体に最も負荷がかかるきつい局面（スティッキングポイント）で一時的に声門を閉じて呼気が鼻や口から外に出ないように息をこらえ、スティッキングポイントを通過したあとの「短縮性局面」で息を吐きます。

スティッキングポイントで一時的に息をこらえることで、収縮期血圧とともに胸腔内圧や腹腔内圧が上昇し、体幹部が安定すると考えられています[12]。

また、腹腔内圧が上昇することにより、脊柱にかかる圧縮力が減

少することで、エクササイズ中に正しい姿勢を保持しやすくなる[11]利点もあります。**脊柱に負荷がかかるバックスクワットや、下背部に負荷がかかるデッドリフトを行う際に有効です。**

　しかし、バルサルバ法には一時的に血圧が上がる、心臓にかかる圧縮力が大きくなるといったリスクがあります[11]ので、心肺機能や代謝機能、呼吸器などに既往歴や疾患のある方には勧められません。上記のような健康的な問題がなく、筋トレ経験豊富な上級者の方が、バックスクワットやデッドリフトで高重量を扱う場合にのみ用いましょう。

POINT!

- 基本的な呼吸法では息を止めずに行うが、上級者で高重量を扱う場合などではバルサルバ法を用いる

チーティングは
効果があるのか?
～筋トレで有効に使える場面～

反動を使うことによって鍛えたい部位以外の筋肉も動員し、
重りを挙上する方法をチーティングといいます。

チーティングとは?

チーティングを日本語に訳すと「不正行為」という意味になります が、筋トレにおけるチーティングは、**反動を使うことで鍛えたい 部位以外の筋肉も動員して重りを挙上する方法**を指します。

たとえば、上腕二頭筋を鍛えるバイセップスカールを行う際に、 ひじ関節以外の関節を動かさないようにして行えば、上腕二頭筋に ターゲットを絞ってエクササイズを行うことができるため、狙った 筋肉に効かせることができます。しかし、上腕二頭筋だけでは発揮 できる筋力が小さいため、扱える重量は軽くなります。

チーティングで膝や股関節、背中も使ってバイセップスカールを 行えば、当然大きな力を発揮できるため、扱える重量は上がります。 バイセップスカールで1kgでも重い重りを持ち挙げることが目的で

あれば、チーティングは有効な方法となります。

　しかし、上腕二頭筋にターゲットを絞って負荷をかけたいのであれば、チーティングを用いずにひじ関節だけを屈曲させることで重りを挙上する「ストリクト」のフォームで行ったほうがよいでしょう。

チーティングの有効な使い方

　筋肥大を目的に行う筋トレにおいてもチーティングを有効に使える場面があります。

　「5-10　筋肥大を促進する様々なトレーニング方法の特徴は？」でご紹介しますが、挙上者が疲労困憊でエクササイズを反復できなくなった場合には、反復できなくなったところから補助者が挙上を補助することでエクササイズを継続する方法を「フォーストレップ」と呼びます。

　補助者がいない場合には、この「チーティング」を使うことによって、**ストリクトでは継続できないエクササイズを継続することが可能になります。**

　たとえば、バイセップスカールをストリクトで行い、疲労困憊で挙上できなくなったところでチーティングを使ってあと数レップ挙上を続けることで、総レップ数を上げて狙った筋肉にさらに負荷をかけることができます。

初心者もチーティングを使うべきか？

　上記の通り、チーティングも使い方によっては筋肥大に有効に使

えますが、**初心者の方はまず狙った部位にしっかり効かせるストリクトのフォームを覚えましょう。**

　すべてのレップでチーティングを使っては、狙った部位に効かせることが難しくなってしまいます。ストリクトのフォームを覚えてしっかりトレーニングを継続し、中・上級者になって補助者がいない場合にチーティングをうまく使ってみてください。

POINT!

●**補助者がいない場合、チーティングを使うことによってストリクトでは継続できないエクササイズを継続することが可能になる**

「体幹トレーニング」の
種類と
得られる効果とは?

体幹トレーニングには、静的なトレーニングと動的なトレーニングがあります。

体幹トレーニングとは?

　まず、「体幹」とは身体のどこの部分を指すのかということを考えてみると、**首・腕・脚を除く胴体の部分**になります。

　では、「体幹トレーニング」とはどこを鍛えるトレーニングなのかを考えてみると、胴体のトレーニングという意味ではベンチプレスもデッドリフトも体幹トレーニングになりますが、一般的に行われている「体幹トレーニング」は、**体幹部の主な機能である「姿勢の安定」**を向上させることを目的としています。

体幹トレーニングで得られる効果

　よく「**インナーマッスル**」といわれる体幹の深層部の筋肉では、腹横筋が円柱の壁を構成し、骨盤底筋が底、横隔膜が天井を形成しており、これが脊椎の安定に貢献していると考えられている腹腔内

圧に影響を及ぼしています[*13]。

　そのほか、姿勢安定性に寄与する体幹部の筋肉には、**お腹の筋肉（腹直筋、腹横筋、内腹斜筋、外腹斜筋）や腰・背中の筋肉（腰方形筋、多裂筋、脊柱起立筋）**などがあり、これらの筋肉を強化することで体幹部の姿勢の安定性が向上すれば、下肢で生み出した力を効率よく上肢に伝達することができるようになります[*14]。

　そうすることで、日常生活の動きや競技スポーツでのパフォーマンス向上に貢献できるため、そのような目的で筋トレを行っている方で体幹が弱い（姿勢安定性が低い）場合は、体幹部の筋肉を鍛えるトレーニングを取り入れる価値があります。

　また、エクササイズ中に姿勢を保てずフォームが崩れたり、それによって腰痛などが起きている方にとっては、体幹トレーニングを導入することでそうした課題を克服できる可能性があります。

体幹トレーニングの種類

　姿勢安定性向上に寄与する筋肉を鍛えるための体幹トレーニングには、**静的な**トレーニングと**動的な**トレーニングがあります。

　静的なトレーニングでは、**ドローイン**（おへそを背中に引き込むイメージで、お腹をうすくした状態をキープして腹横筋を収縮させる）や**ブレイシング**（お腹に圧をかけてふくらませるイメージで、体幹まわりの筋肉を同時に収縮させる）などの呼吸のしかたを工夫して行うエクササイズや、**プランク**（両足・両ひじを床につけた状態でまっすぐの姿勢をキープし、お腹・背中の筋肉を中心に負荷をかける）などがあります。

　動的なトレーニングでは、プッシュアップ（腕立て伏せ）やスク

ワット、デッドリフトなど地面に足をつけた状態で自体重や重りを持ち上げる（**クローズドキネティックチェーン**）エクササイズがあります。このような**動的なトレーニングは体幹部の筋肉と各エクササイズの主働筋を同時に鍛えることができるのも大きな利点です。**

　日常生活やスポーツなど身体を動かす状況で姿勢を安定させるには、特異性の原理に基づき**身体を動かしながら姿勢を安定させる動的なトレーニング**が適していますが、**体幹が弱いことで動的なトレーニングのフォームが安定しない場合は静的なトレーニングから始める**とよいでしょう。

　バランスボールやバランスディスクなどを用いて不安定な状況下で行うトレーニング方法もあり、これらは不安定な状況で姿勢を安定させる必要があるため、姿勢安定性を向上させる体幹部の筋肉の活動が増えます。しかし、日常生活や競技スポーツでそのような不安定な状況で身体を動かすことは少ないため、得られた効果が動作に転移する場面は少ないと考えられます。

　また、**不安定な状況では主働筋の筋力発揮が低下し強度が下がります。**そうした方法より、安定した地面に足をつけて行うスクワットやデッドリフトといったフリーウェイトトレーニングのほうが体幹部の筋活動も高い[15]ため、**ベーシックなフリーウェイトを基本とし、必要であれば補助トレーニングとして静的な体幹トレーニングなどを取り入れる**とよいでしょう。

POINT!

- フリーウェイトを基本とし、必要があった場合に静的な体幹トレーニングを取り入れる

マンネリを防ぐための メニューの組み方の ポイント

停滞期に陥ってしまった場合は、エクササイズプログラムを
変化させることが有効です。

同じプログラムを続けていると、身体が慣れる

「5-2 筋肉が発達しない停滞期を抜け出すコツ」でも説明したよ
うに、効果的なプログラムで筋トレを継続していても、その刺激に
身体が慣れてしまえば効果が得にくくなってしまいます。

このように停滞期（プラトー）に陥ってしまったときは、エクサ
サイズプログラムに変化をつけてみましょう。

「トレーニング目標」を定期的に変える

「1-1 筋肉はどうやって発達するのか？」で記したように、筋ト
レの目標は大きく分けて4つ（筋持久力、筋肥大、筋力、筋パワー）
あります。

本書を読まれているトレーニーの方は筋肥大目的でトレーニング
をされていると思いますが、エクササイズプログラムに変化をつけ

るために、**定期的にこのトレーニング目標（負荷）を変えてみるの
も有効**です。下記に、「トレーニング目標に応じた負荷と反復回数の
設定」の表をご紹介します。

■ トレーニング目標に応じた負荷と反復回数の設定

トレーニング目標	負荷（% 1RM）			レップ数（反復回数）		
	初心者	中級者	上級者	初心者	中級者	上級者
筋持久力	≦ 65	≦ 70	≦ 75	10 〜 15	10 〜 15	10 〜 25
筋肥大	67 〜 80	67 〜 85	67 〜 85	8 〜 12	6 〜 12	6 〜 12
筋力	≧ 70	≧ 80	≧ 85	≦ 6	≦ 6	≦ 6
筋パワー	—	30 〜 60	30 〜 70	—	3 〜 6	1 〜 6

＊初心者の方に筋パワーのトレーニング目標は該当しません
＊動員される筋肉が少ないアイソレーション種目は8RM以下（最大努力で8レップ以上反復できる負荷）
　で行ってください
※出典：『NSCAパーソナルトレーナーのための基礎知識 第2版』ジャレッド・W.コバーン、モー・H.マ
　レク編、森谷敏夫 日本語版総監修、岡田純一 監修、NSCAジャパン、2013

「負荷（% 1RM）」の列の数字は、**最大努力で1レップだけ反復で
きる負荷の何%か**という意味です。

筋肥大が目標であれば、初心者は67 〜 80%、中・上級者は67 〜
85%になります。レップ数でいえば、初心者は最大努力で8〜12レ
ップ、中・上級者は6 〜 12レップ反復できる負荷になります。

このトレーニング目標を、筋肥大と筋力で交互に繰り返すことで
変化をつけ、筋肉に与える刺激を変えることでマンネリ化を防ぎま
す。

たとえば16週間のなかで、
**「筋肥大（4週間）→筋力（3週間）→筋肥大（4週間）→筋力（2
週間）→筋肥大（3週間）」**[11]と、変化をつけたプログラムを実践

してみてください。

※プログラム立案のための筋力テストは、安全のためにもしっかりとしたテスト結果を出すためにも、経験豊富な有資格パーソナルトレーナーに依頼することをお勧めします

「トレーニング強度」に変化をつける

　同じ部位を週に2〜3回トレーニングする場合は、**高強度日と低強度日を設定し、トレーニング強度に変化をつけることも有効**です。

　週に複数回同じ部位を高強度で鍛え続けると、オーバーワークに陥るリスクもありますが、強度に変化をつけることで、高頻度で同じ部位を鍛えることができます。

　たとえば月曜日と木曜日に同じエクササイズを行う場合、月曜日は**高強度日として8レップ程度で限界を迎えられる負荷で行い**、木曜日は**低強度日として限界努力で12レップ程度反復できる負荷を用いて8レップ行います**。

　まだ余裕があるうちにやめることになるため物足りなさを感じるかもしれませんが、疲労困憊まで反復してしまうと低強度日を設定した意味がなくなってしまいますので、ご注意ください。

POINT!

● マンネリを防ぐため、トレーニング目標や強度を変えてみる

筋肥大を促進する
様々なトレーニング方法
の特徴は？

ここではフォースレップやドロップセット、スーパーセット
などの特徴について説明します。

フォーストレップの特徴

フォーストレップは、挙上者が疲労でエクササイズを反復できな
くなったところから補助者が挙上を補助することでエクササイズを
継続する方法です。

単純に補助者の力を借りることでレップ数が増えること、また運
動単位の疲労や代謝ストレスを増大させることによって筋肥大に効
果をもたらす[16]と考えられています。

補助者はただ挙上を手伝うのではなく、挙上者のスティッキング
ポイント（1レップのなかで最も挙上が難しい、きついと感じるポ
イント）での挙上をサポートしつつ、自力で挙上できるポイントで
は力を貸さないことで、挙上者の筋肉に負荷を与えます。

フォーストレップは失敗するまで挙上を続けたあと、さらに補助
者の力を借りてレップを継続する方法であるため、挙上者の心身に

与える疲労が大きく、あまり頻発的に行うとオーバートレーニングや燃え尽き症候群に陥る可能性があります[*16]。

　実施する場合は、あくまでバリエーションの1つとして、トレーニング刺激に変化をつける目的で取り入れてみましょう。

🏋️ ドロップセットの特徴

　ドロップセットは、**挙上者が疲労困憊でエクササイズを反復できなくなったところから負荷を減らしてすぐにエクササイズを継続し、また限界まで追い込んでいく方法**です。

　フォーストレップ同様に限界を迎えたあとさらに追い込んでいく方法になりますが、こちらは補助者がいなくでも実施可能です。

　ドロップセットも長期間継続的に行うのではなく、バリエーションの1つとしてトレーニング刺激に変化をつける目的で取り入れましょう。

🏋️ スーパーセットの特徴

　スーパーセットは、**逆の機能をもつ主働筋と拮抗筋を連続して鍛える方法**です。

　たとえば、1セットのなかで胸を鍛えるベンチプレスと背中を鍛えるベントオーバーロウを、休憩をはさまず連続して行うといった方法です。主働筋と拮抗筋を1セットで連続して鍛えるため、**短時間で効率よく筋トレを行えます**。

　また、拮抗筋の筋活動によって主働筋の筋力発揮を促進する[*16]効果も期待できるため、**トレーニングの質を高められる可能性もあ**ります。しかし、1セットで2種目を連続して行う分、心身の疲労も

大きくなるため、注意が必要です。

ヘビーネガティブの特徴

　ヘビーネガティブは、短縮性筋活動では1回も挙上できない重量を用いて伸張性筋活動を行う方法です。ネガティブは自力で行い、ポジティブは補助者の力を借りて挙上します。

　「1-4　筋肥大をうながすmTOR（エムトール）とは何か？」で説明した通り、伸張性筋活動は筋肥大に効果的であり、さらに短縮性筋活動では1回も挙上できない重量を用いる超高負荷なトレーニング方法になるので筋肥大に有効ですが、失敗した際のリスクも大きく、心身の疲労も大きくなります。

　実施する場合には経験豊富な補助者をつけましょう。また、オーバートレーニングや燃え尽き症候群に陥らないよう、実施する頻度にもご注意ください。

レストポーズの特徴

　レストポーズは、高重量を用いて限界近い回数まで反復し、短い休憩後にまた同じ重量で疲労困憊まで反復することを繰り返す方法です。

　たとえば、6レップで限界を迎えられそうな重量を用いて1セット目を6レップ行い、20 ～ 30秒の短い休憩後に2セット目を同じ重量で限界の回数まで行います。おそらく、反復できるレップ数は1セット目の半分程度になるでしょう。

　限界を迎えたらまた30秒程度の短い休息をとって同じ重量で3セット目を行い、最終的に1レップしか挙上できなくなるまでセッ

トを重ねます。

　ある研究では、従来の方法（6レップ×3セット、インターバル2分）とレストポーズ法を上半身と下半身のエクササイズで比較したところ、**下半身のエクササイズでは筋肥大効果が高かった**と報告しています[17]。こちらの方法も従来の方法をベースに、トレーニング刺激に変化をつける目的でたまに取り入れるとよいでしょう。

ドロップセットでの例

　前述の通り、ドロップセットは疲労困憊でエクササイズを反復できなくなったところから負荷を減らしてすぐにエクササイズを継続し、また限界まで追い込んでいく方法です。したがって、**プレートのつけ替えに時間がかかるバーベルよりは、ダンベルやウェイトスタック式のマシンでのエクササイズのほうが向いています。**

　ダンベルの場合は、セットごとに使用するダンベルを複数用意することになりますので、1人でたくさんのダンベルを使用してしまいます。ジムによっては1人で複数のダンベルを使用することを禁止している場合もありますので、事前にジムスタッフに確認のうえ、許可が出た場合でも、他の利用者がダンベルエリアにいないことを確認してから行うなど、周りの迷惑にならないよう最大限配慮して実施しましょう。

　例としては、ウェイトスタック式マシンでのチェストプレスで最大挙上重量が100kgの場合、100kgの75％である75kgで10レップを目標に行い、限界に達したらすぐに重量を20％ほど落として60kgで限界まで行い、さらに20％ほど落として48kgで限界まで行

います。

🏋 スーパーセットでの例

　前述の通り、スーパーセットは2つのエクササイズを休憩をはさまずに連続して行う方法で、逆の機能をもつ主働筋と拮抗筋を連続して鍛える方法がよく実施されます。

　行うエクササイズによっては2つの場所を占領することになりますので、ジムによっては禁止されている場合があります。ドロップセットと同様に、事前にジムスタッフに確認のうえ、許可が出た場合でも、他の利用者の迷惑にならないよう最大限配慮して実施しましょう。

　例としては、主に胸を鍛える「押す種目」であるベンチプレスと、主に背中を鍛える「引く種目」であるベントオーバーロウを、休憩をはさまず連続して行います。

　ベンチプレスとベントオーバーロウの最大挙上重量が100kgの場合、100kgの75%である75kgでベンチプレスを10レップ目標で行い、すぐに75kgの重量でベントオーバーロウを10レップ行います。

　ベントオーバーロウを行っている間はベンチプレスの主働筋である大胸筋や上腕三頭筋、三角筋前部は休んでいるので、次のセットも短い休憩時間で実施でき、時間効率がよい方法です。

POINT!

● これらの方法は継続的にではなく、トレーニング刺激に変化をつける目的で行い、実施する頻度などにも注意する

トレーニング目標と
トレーニング強度の
変化の具体例

ここではトレーニング目標とトレーニング強度に変化をつけ
る場合の具体例について説明します。

●●● 「トレーニング目標」を変えた具体例

　「5-9　マンネリを防ぐためのメニューの組み方のポイント」の
「『トレーニング目標』を定期的に変える」の具体例を説明します。
　たとえば、あるエクササイズの最大挙上重量が100kgだった場合、
トレーニング目標が筋肥大の週は、100kgの75%である75kgの重量
で10レップを目標に行います。トレーニング目標が筋力の週は、
100kgの90%である90kgの重量で4レップを目標に行います。

■トレーニング目標の違いによる例

筋肥大トレーニング	筋力トレーニング
目標：75kg、10レップ	目標：90kg、4レップ

「トレーニング強度」を変えた具体例

　「5-9　マンネリを防ぐためのメニューの組み方のポイント」の「『トレーニング強度』に変化をつける」の具体例も説明します。

　たとえば、あるエクササイズの最大挙上重量が100kgだった場合、月曜日は高強度日として8レップ程度で限界を迎えられる負荷（最大挙上重量の80％）として80kgで8レップを目標に行い、木曜日は低強度日として限界努力で12レップ程度反復できる負荷（最大挙上重量の67％）として67kgで8レップ行います。

■トレーニング強度の違いによる例

高強度日	低強度日
目標：80kg、8レップ	目標：67kg、8レップ

POINT!

●上記を参考にトレーニング目標と強度を定期的に変えてみる

負荷や種目を
変える場合の
メリット・デメリット

負荷や種目を変更することによって、筋肉が再び成長することができたり、筋トレのマンネリ化を防ぐことなどができます。

🏋 負荷や種目を変更するメリット・デメリット

「5-2　筋肉が発達しない停滞期を抜け出すコツ」で記した通り、同じ内容の筋トレを長期間続けているとその刺激に身体が慣れてしまい、成長が感じられなくなります。

そんなときは、同じエクササイズでも「**負荷**」を変えることでプログラムに変化がつき、**筋肉が新しい負荷に適応するために再び成長することができます**。これは負荷を変える大きなメリットです。

デメリットとしては、適切な範囲での負荷の上げ方であればよいのですが、**負荷を急に上げすぎてしまったり、自分の筋力に見合わないような高すぎる負荷にしてしまうと、オーバートレーニング症候群に陥ってしまう危険性があります**[11]。

「5-3　同じ部位のエクササイズを多様化してみよう」でも説明した通り、同じ部位を鍛えるエクササイズでも「**種目**」を変えること

で刺激の入り方を変えることができ、筋トレのマンネリ化を防いだり、1種目だけではしっかり鍛えられない部分を鍛えることができたりと、多くのメリットがあります。

　デメリットとしては、あまりひんぱんに種目を変えると、まだエクササイズテクニックが定着する前にどんどん新しい種目を行うことになり、トレーニング効果を最大限に得ることができなくなる可能性があります。

　種目を変える場合は、今行っている種目をある程度の期間しっかり行い、刺激を変えるために新しい種目を取り入れる、または今行っている種目に加えて新しい種目を取り入れるようにするとよいでしょう。

POINT!

● 同じ内容の筋トレを長く続けると身体が慣れて成長が感じられなくなるため、定期的に負荷や種目を変化させる

引 用 ・ 参 考 文 献 一 覧

CHAPTER 1

＊1

The Mechanisms of Muscle Hypertrophy and Their Application to Resistance Training. Schoenfeld, Brad J. Journal of Strength and Conditioning Research, Volume 24-Issue 10-2857-2872, 2010

＊2

健康運動指導士養成講習会テキスト上、健康・体力づくり事業財団、p.280、2015

＊3

Attentional Focus for Maximizing Muscle Development: The Mind-Muscle Connection. Schoenfeld, Brad J and Contreras, Bret. Strength and Conditioning Journal, Volume 38-Issue 1-27-29, February 2016

＊4

NSCA パーソナルトレーナーのための基礎知識 第2版、ジャレッド・W. コバーン、モー・H. マレク編、森谷敏夫 日本語版総監修、岡田純一 監修、NSCA ジャパン、2013

＊5

Adaptations in maximal motor unit discharge rate to strength training in young and older adults. C Patten, G.Kamen, D.M.Rowland. Muscle and Nerve 24(4), 542-550, 2001

＊ 6

"筋肉博士"石井直方のやさしい筋肉学　第 47 回　筋肉を成長させる
メカニズム（2）、石井直方、日経 Gooday、2017/3/29
https://gooday.nikkei.co.jp/atcl/column/15/040200001/031500048/?
P=2

＊ 7

ストレス刺激に応答した TOR 複合体 1（TORC1）の活性制御機構、
高原照直、前田達哉、生化学 第 85 巻 第 3 号、205-213、2013

＊ 8

スポーツ栄養学　科学の基礎から「なぜ？」にこたえる、寺田新、東
京大学出版会、2017

＊ 9

筋収縮様式の違いによる筋肥大のメカニズムに対する分子生物学的ア
プローチ、柿木亮、順天堂大学、2015

＊ 10

均整術養成講座、小林邦之、VAJA 均整動術スタジオ
https://vaja.asia/trainingcourse/kinjutsutraining/

＊ 11

筋グリコーゲン、e- ヘルスネット
https://www.e-healthnet.mhlw.go.jp/information/dictionary/exercise/
ys-079.html

＊ 12

The Importance of Sleep for Athletic Performance. Marshall, Geoff J.G.
and Turner, Anthony N. Strength and Conditioning Journal, 2016

* 13

プロテインサプリメントが自転車競技アスリートのトレーニング効果に与える影響、井上なぎさ , 小清水孝子 , 田畑昭秀 , 白石裕一 , 神山慶人 , 寺門厚彦 , 岡村浩嗣、日本スポーツ栄養研究誌、2013

* 14

超高齢女性におけるパーソナルトレーニングが筋肉量に及ぼす影響についての一事例、竹田大介、Strength and Conditioning Journal、2018

* 15

米国 NSCA 本部、NSCA ジャパン
https://www.nsca-japan.or.jp/01_intro/nsca.html

* 16

健康運動実践指導者とは、健康・体力づくり事業財団
https://www.health-net.or.jp/shikaku/shidousya/index.html

CHAPTER 2

* 1

健康運動指導士養成講習会テキスト上、健康・体力づくり事業財団、
p.280、2015

* 2

健康運動指導士養成講習会テキスト上、健康・体力づくり事業財団、
p.282、2015

* 3

NSCA パーソナルトレーナーのための基礎知識 第 2 版、ジャレッド・

W. コバーン、モー・H. マレク編、森谷敏夫 日本語版総監修、岡田純一 監修、NSCA ジャパン、2013

＊4

Effect of Interset Rest Interval Length on Resistance Exercise Performance and Muscular Adaptation. Adam M. Gonzalez. Strength and Conditioning Journal, 2016

＊5

動作形態の異なるスクワットが股関節と膝関節まわりの筋の活動および関節トルクに与える影響、真鍋芳明 , 横澤俊治 , 尾縣貢、体力科学、2004

＊6

Effects of squat training with different depths on lower limb muscle volumes. Keitaro Kubo, Toshihiro Ikebukuro, Hideaki Yata. European Journal of Applied Physiology, 2019

＊7

The Close-Grip Bench Press. Robert G. Lockie, and Matthew R. Moreno. Strength and Conditioning Journal, 2017

＊8

The Affect of Grip Width on Bench Press Performance and Risk of Injury. Green, Carly M. and Comfort, Paul. Strength and Conditioning Journal, 2007

＊9

ベンチプレスにまつわる 5 つの誤解 . Warpeha, Joseph M. Strength and Conditioning Journal, 2008

CHAPTER 3

＊1

たんぱく質、厚生労働省

https://www.mhlw.go.jp/content/10904750/000586557.pdf

＊2

脂質、厚生労働省

https://www.mhlw.go.jp/content/10904750/000586558.pdf

＊3

炭水化物、厚生労働省

https://www.mhlw.go.jp/content/10904750/000586559.pdf

＊4

スポーツ栄養学　科学の基礎から「なぜ？」にこたえる、寺田新、東京大学出版会、2017

＊5

筋肉つけるためだけじゃない　たんぱく質で美しく　健康食品など 市場急成長、日本経済新聞、2019 年 11 月 18 日

＊6

肉類（鶏肉 , 豚肉 , 牛肉など）のタンパク質について解説！含む量や調理法などを紹介、森永製菓、かんたん、わかる！プロテインの教科書

https://www.morinaga.co.jp/protein/columns/detail/?id=114&category=muscle

＊7

運動後 45 分がプロテイン摂取のゴールデンタイム、森永製菓、かん

たん、わかる！プロテインの教科書
https://www.morinaga.co.jp/protein/columns/detail/?id=26&category
=performance

＊8
Nutrient Timing for Resistance Exercise. Campbell, Bill I. Wilborn,
Colin D. La Bounty, Paul M. Wilson, Jacob M. Strength and
Conditioning Journal, 2012

＊9
NSCA パーソナルトレーナーのための基礎知識 第2版、ジャレッド・
W. コバーン、モー・H. マレク編、森谷敏夫 日本語版総監修、岡田純
一 監修、NSCA ジャパン、2013

＊10
新版　コンディショニングのスポーツ栄養学、樋口満、市村出版、
2009

＊11
ビタミン（水溶性ビタミン）、厚生労働省
https://www.mhlw.go.jp/content/10904750/000586563.pdf

＊12
ビタミン（脂溶性ビタミン）、厚生労働省
https://www.mhlw.go.jp/content/10904750/000586561.pdf

＊13
亜鉛の働きと1日の摂取量、健康長寿ネット
https://www.tyojyu.or.jp/net/kenkou-tyoju/eiyouso/mineral-zn-cu.
html

＊14

ミネラル（微量ミネラル）、厚生労働省

https://www.mhlw.go.jp/content/10904750/000586568.pdf

＊15

e- ヘルスネット、活性酸素と酸化ストレス

https://www.e-healthnet.mhlw.go.jp/information/food/e-04-003.html

＊16

Free Radical and Antioxidant Vitamins: Optimizing the Health of the Athlete. Laursen, Paul B. Strength and Conditioning Journal, 2001

＊17

Whey protein stimulates postprandial muscle protein accretion more effectively than do casein and casein hydrolysate in older men. Bart Pennings, Yves Boirie, Joan MG Senden, Annemie P Gijsen, Harm Kuipers, Luc JC van Loon. The American journal of clinical nutrition, 2011

＊18

Signaling pathways controlling skeletal muscle mass. Marc A. Egerman and David J. Glass. Critical reviews in biochemistry and molecular biology, 2014

＊19

Creatine supplementation with specific view to exercise/sports performance: an update. Robert Cooper, Fernando Naclerio, Judith Allgrove, and Alfonso Jimenez. Journal of the International Society of Sports Nutrition, 2012

＊20

ISSN exercise & sports nutrition review update: research & recommendations. Chad M. Kerksick, Colin D. Wilborn, Michael D. Roberts, Abbie Smith-Ryan, Susan M. Kleiner, Ralf Jäger, Rick Collins, Mathew Cooke, Jaci N. Davis, Elfego Galvan, Mike Greenwood, Lonnie M. Lowery, Robert Wildman, Jose Antonio & Richard B. Kreider. Journal of the International Society of Sports Nutrition, 2018

＊21

Essential Amino Acids for Muscle Protein Accretion. Ferrando, Arny A Tipton, Kevin D Wolfe, Robert R. Strength and Conditioning Journal, 2010

＊22

JOPH ダイエットアドバイザーテキスト、日本肥満予防健康協会、2013

＊23

肥満予防健康管理士講座　テキスト№.3　食事療法、日本肥満予防健康協会、2015

＊24

健康運動指導士養成講習会テキスト上、健康・体力づくり事業財団、2015

CHAPTER 4

＊1

NSCA パーソナルトレーナーのための基礎知識 第2版、ジャレッド・

W. コバーン、モー・H. マレク編、森谷敏夫 日本語版総監修、岡田純一 監修、NSCA ジャパン、2013

＊2

Rest and recuperation. Pauletto, Bruno. Strength and Conditioning Journal, 1986

＊3

Delayed Onset Muscle Soreness. Dierking, Jenny K. and Bemben, Michael G. Strength and Conditioning Journal, 1998

＊4

Delayed Onset Muscle Soreness : Treatment Strategies and Performance Factors. Karoline Cheung, Patria A. Hume ＆ Linda Maxwell. Sports Medicine, 2003

＊5

ストレングス＆コンディショニングと筋肉痛、野坂和則、Strength and Conditioning Journal、2004

＊6

Delayed-onset muscle soreness does not reflect the magnitude of eccentric exercise-induced muscle damage. Kazunori Nosaka, Mike Newton, Paul Sacco. 2002

＊7

NSCA 決定版　ストレングストレーニング＆コンディショニング、Thomas R. Baechle, Roger W. Earle、ブックハウス・エイチディ、2010

* 8

Recommendations for the Avoidance of Delayed-Onset Muscle Soreness. D. Szymanski. Strength and Conditioning Journal, 2001

* 9

Effect of Postexercise Alcohol Consumption on Serum Testosterone: Brief Overview of Testosterone, Resistance Exercise, and Alcohol. Vingren, Jakob L. and Kraemer, William J. Strength and Conditioning Journal, 2006

* 10

The Role of Strength Training for Lower Extremity Tendinopathy. Hartley, David R. and McMahon, John J. Strength and Conditioning Journal, 2018

* 11

The Comparative Effects of Sports Massage, Active Recovery, and Rest in Promoting Blood Lactate Clearance After Supramaximal Leg Exercise. Nancy A. Martin, Robert F. Zoeller, Robert J. Robertson, Scott M. Lephart. Journal of Athletic Training, 1998

* 12

Effect of Exercise Type During Intentional Weight Loss on Body Composition in Older Adults with Obesity. Kristen M. Beavers, Walter T. Ambrosius, W. Jack Rejeski, Jonathan H. Burdette, Michael P. Walkup, Jessica L. Sheedy, Beverly A. Nesbit, Jill E. Gaukstern, Barbara J. Nicklas, Anthony P. Marsh. Obesity A Research Journal, 2017

CHAPTER 5

＊1

The Use of Occlusion Training to Produce Muscle Hypertrophy. Jeremy Paul Loenneke, Thomas Joseph Pujol, Jason Miller. Strength and Conditioning Journal, 2009

＊2

Low intensity blood flow restriction training: a meta-analysis. Jeremy P. Loenneke, Jacob M. Wilson, Pedro J. Marín, Michael C. Zourdos, Michael G. Bemben. European Journal of Applied Physiology, 2011

＊3

Magnitude of Muscle Strength and Mass Adaptations Between High-Load Resistance Training Versus Low-Load Resistance Training Associated with Blood-Flow Restriction: A Systematic Review and Meta-Analysis. Manoel E. Lixandrão, Carlos Ugrinowitsch, Ricardo Berton, Felipe C. Vechin, Miguel S. Conceição, Felipe Damas, Cleiton A. Libardi, Hamilton Roschel. Sports Medicine, 2017

＊4

Use and safety of KAATSU training: Results of a national survey. T. Nakajima, M. Kurano, H. Iida, H. Takano, H. Oonuma, T. Morita, K. Meguro, Y. Sato, T. Nagata, and KAATSU Training Group. Int. J. KAATSU Training Res., 2006

＊5

加圧トレーニングとその危険性：主観的運動強度と循環応答、小河繁彦 , 平澤愛 , 菅原順、日本体育学会大会予稿集、2013

* 6

Relationship between limb and trunk muscle hypertrophy following high-intensity resistance training and blood flow–restricted low-intensity resistance training. Tomohiro Yasuda, Riki Ogasawara, Mikako Sakamaki, Michael G. Bemben, Takashi Abe. Clinical Physiology and Functional Imaging, 2011

* 7

ダイエットと筋肉の関係③〜スロトレと成長ホルモン〜【石井直方の VIVA 筋肉！第 21 回】、石井直方、Web Magazine VITUP!
https://vitup.jp/20180723_ishii_viva_mascle21/

* 8

スロートレーニング時の筋活動の分析、鈴木桂輔 , 宮本康弘、ライフサポート学会、2011

* 9

スロートレーニングとは、谷本道哉、e- ヘルスネット
https://www.e-healthnet.mhlw.go.jp/information/exercise/s-04-003.html

* 10

速度の異なるスクワットトレーニングが下肢の筋断面積、筋力、運動パフォーマンスに与える影響、眞鍋芳明 , 桜井健一 , 岩壁達男 , 尾縣貢、バイオメカニズム学会、2008

* 11

NSCA パーソナルトレーナーのための基礎知識 第 2 版、ジャレッド・W. コバーン、モー・H. マレク編、森谷敏夫 日本語版総監修、岡田純一 監修、NSCA ジャパン、2013

* 12

Is the Valsalva Maneuver a Proper Breathing Technique?. Findley, Brian W. Strength and Conditioning Journal, 2003

* 13

Diaphragmatic Breathing: The Foundation of Core Stability. Nelson, Nicole. Strength and Conditioning Journal, 2012

* 14

Using the Overhead Squat for Core Development. Hasegawa, Ian. NSCA Performance Training Journal, 2004

* 15

Core Stability Training for Healthy Athletes: A Different Paradigm for Fitness. Willardson, Jeffrey M. Strength and Conditioning Journal, 2007

* 16

The Use of Specialized Training Techniques to Maximize Muscle Hypertrophy. Schoenfeld, Brad. Strength and Conditioning Journal, 2011

* 17

Strength And Muscular Adaptations Following 6 Weeks Of Rest-Pause Versus Traditional Multiple-Sets Resistance Training In Trained Subjects. Jonato Prestes, Ramires Alsamir Tibana, Dahan da Cunha Nascimento, Pollyanna de Oliveira Rocha. The Journal of Strength and Conditioning Research, 2017

カバーデザイン　山之口正和（OKIKATA）

カバー・本文イラスト　千野エー

本文イラスト　寺崎愛

本文デザイン・DTP　初見弘一（TOMORROW FROM HERE）

筋トレの効果を上げたい人が知っておきたい

筋肥大のための「筋トレ」と「栄養」の基本

2023 年 2 月 10 日　初版第 1 刷発行
2024 年 8 月 28 日　初版第 3 刷発行

著　者　竹田大介

発行人　片柳秀夫

編集人　志水宣晴

発　行　ソシム株式会社

　　　　https://www.socym.co.jp/

　　　　〒101-0064 東京都千代田区神田猿楽町 1-5-15 猿楽町 SS ビル

　　　　TEL：（03）5217-2400（代表）

　　　　FAX：（03）5217-2420

印刷・製本　株式会社 暁印刷